SV

suhrkamp spectaculum

Der varreckte Hof

Mutter Weichsenrieder spricht mit Menschen, die nicht mehr leben, und sieht Dinge, die es nicht gibt. Wird sie dement oder tut sie nur so? Eine Pflegerin muss her. Ihre Kinder, die Handarbeitslehrerin Gerlinde und der Industriemanager Rupert, haben keine Zeit für die alte Bäuerin. So kommt Svetlana aus Moldawien auf den Hof und bringt die eingelaufenen Verhältnisse ins Rutschen.

Dieses Buch veröffentlicht die ursprüngliche, bayerische Fassung der erfolgreichen »Stubenoper« *Der varreckte Hof* sowie die neuere hochdeutsche Fassung (*Der verreckte Hof*). Mit enthalten das Notenmaterial und ein Essay des Autors zu den Hintergründen des Stücks und der Arbeitsweise seiner unterschiedlichen Sprachen.

Georg Ringsgwandl wurde 1948 in Bad Reichenhall geboren und lebt in Seehausen am Staffelsee und in München.

Georg Ringsgwandl

Der varreckte Hof / Der verreckte Hof

Eine Stubenoper

Gesänge in einer sterbenden Sprache

Texte und Notenmaterial

Suhrkamp

Erstausgabe
Erste Auflage 2016

Satz: Satz-Offizin Hümmer GmbH, Waldbüttelbrunn
Druck: Druckhaus Nomos, Sinzheim
Umschlaggestaltung: Katja Bohlmann
Printed in Germany
ISBN 978-3-518-42508-4

Zum »Varreckten Hof«

Vorwort von Georg Ringsgwandl

Im süddeutschen Sprachraum, angrenzendes Österreich und nördliche Schweiz inbegriffen, hat fast jedes Dorf eine Theatergruppe. Im Marktflecken Murnau gibt es zum Beispiel drei Gruppen, die mehr oder minder regelmäßig Theaterstücke aufführen; in Gemeinde- oder Wirtshaussälen, in Heustadeln oder auf Freilichtbühnen.

Die Stücke handeln oft von Erbstreitigkeiten, Nachbarschaftsfehden und Liebesverwicklungen, die in einer bäuerlichen Welt spielen, die es angeblich einmal gegeben hat.

Im Frühsommer 2011 hatte ich einige konzertfreie Monate. Ich suchte mir einen schönen Platz im Haus und begann zu schreiben.

Die Idee war ein zeitgenössisches Stück aus der ländlichen Welt, wie sie heute ist. Seit Jahrzehnten vor sich hinsterbend, verfallende Bauernhöfe, auf denen einschichtige Jungbauern oder alte Leute vor sich hinwerkeln, dem Niedergang der Landwirtschaft trotzend, fassungslos über die Schnelligkeit, mit der ihre Welt verschwindet.

Ich hatte keinen Plot, nur eine Situation. Eine alte Bäuerin merkt, wie ihre Kräfte nachlassen. Der Hof verkommt, der Mann seit Jahren tot, die Tochter Lehrerin, verheiratet mit einem Naturschutzbeamten, der Sohn Manager in der Industrie. Eines Tages kommt der Schwiegersohn auf dem Hof vorbei und hört die alte Frau wirres Zeug reden. Die Alte wird dement. Wer kümmert sich um sie? Hier beginnt das Stück.

Der Schwiegersohn ruft die Tochter, die Tochter den Bruder. Wem ist die Pflege der Mutter am ehesten zuzumuten? Der öffentliche Dienst streitet mit der Industrie und beide mit dem Umweltschutz. Natürlich hat niemand Zeit, und so kommt Svetlana auf den Hof. In mancher Hinsicht versteht sich die alte Bäuerin mit der Osteuropäerin besser als mit ihren Kindern. Nun kommt Bewegung auf, die eingefahrenen Verhältnisse geraten ins Schlingern.

Die Dialoge entwickelten sich mehr oder minder zwangsläufig. Ich mußte nur den Figuren folgen. An guten Tagen war es wie Schreiben unter Autopilot.

Weil ich als Konzertbesucher auf der Bühne am liebsten eine Mischung von Wort und Musik sehe, sind meine eigenen Auftritte eine Mischung von Wort und Musik, und deswegen glaube ich auch, daß Schauspieler am liebsten Stücke spielen, in denen es Dialoge und Songs gibt.

So entstand eine Folge von Dialogen, Rezitativen und Gesängen, die in einer schäbigen Wohnküche stattfinden: eine Stubenoper. »Gesänge in einer sterbenden Sprache«, wie der etwas selbstmitleidige Untertitel behauptet.

Abgesehen davon, daß die Dialekte im Süden eine zähe Überlebensfähigkeit zeigen, sprachen einige Gründe für die Abfassung in Mundart:

Bayerischer Dialekt ist die Sprache, die ich noch am ehesten beherrsche. Bauernhöfe sind auch keine Orte, an denen man Hochdeutsch parliert. Dialekte, Jargons oder Slangs beziehen zudem eine enorme Kraft aus ihrer Fähigkeit, sich an wechselnde Bedingungen anpassen zu können.

Während die Hochsprache nach klaren grammatischen und phonetischen Regeln gesprochen wird, weitgehend unabhängig von dem, was in der Welt draußen passiert, unterliegen die Dialekte allen möglichen Einflüssen: dem gesellschaftlichen oder beruflichen Umfeld, wechselnden Technologien, Krisen oder Zeiten des Wohlstands und weltanschaulichen Trends.

Noch zu Zeiten meiner Kindheit konnte man am Dialekt erkennen, aus welchem Winkel des Reichenhaller Talkessels jemand stammte. Einen Mitschüler aus Nonn, nur zwei Kilometer von Reichenhall entfernt, aber auf der anderen Seite der Saalach, erkannte man eindeutig an seiner Sprechweise. So kleinräumig unterscheiden sich die Dialekte heute nicht mehr. Aber immer noch spricht ein Deggendorfer anders als ein Tölzer.

Mit der Einwanderung fremdsprachiger Menschen ergibt sich eine fast unendliche Vielfalt von Sprachvarianten. Die Eingewöhnung beispielsweise einer Weißrussin in den Sprachgebrauch eines Augsburger Notarshaushaltes ergibt ungeahnte Klang- und Ausdrucksvarianten. Das Idiom, das ein Bosnier entwickelt, der bei BMW in München am Fließband steht, unterscheidet sich signifikant von dem seines Landsmannes, den es nach Regensburg verschlagen hat. Die reiche Welt der Sprachen.

Den *Varreckten Hof* habe ich im südostbayerischen Dialekt meiner Kindheit geschrieben. Mundartpuristen werden einwenden, daß mein Ton nicht mehr original Rupertigau ist.

Kein Wunder, ich habe keine Handwerkslehre gemacht, sondern Abitur, zuerst in Würzburg und später in Kiel (!) studiert, zwei Jahre in Berlin und acht in München gelebt und strandete schließlich im Landkreis Garmisch-Partenkirchen, wo sich das Bayrische bereits mit dem Schwäbischen vermengt.

Im August 2011 traf ich mich mit Leuten von den Tiroler Volksschauspielen in einem Wirtshaus, stellte meine Zither auf den Tisch, erzählte den ungefähren Hergang des Stückes und spielte einige der Lieder. So kam die Stubenoper nach Telfs.

Zuerst dachten wir an eine Fassung in Tiroler Dialekt. Als sich dann aber die Besetzung der Rollen abzeichnete, verwarf die Regisseurin diese Idee. Das Stück wurde in einem organischen Durcheinander von südgermanischen Dialekten gespielt. Wiener, Oberösterreicher, bayerischer und Tiroler Dialekt mischten sich so selbstverständlich, wie sich Leute unterschiedlicher Herkunft in einer Kneipe unterhalten. Keine Verständnisprobleme.

Inzwischen ist der *Hof* in Niederbayern, Linz und Wien inszeniert worden, jeweils in einem anderen Dialektgemisch, in Zürich gar auf Hochdeutsch.

Die erste Szene, in der die Weichsenriederin sieht, wie die Kühe auf dem Untersberg herumspringen, zeigt meine Großmutter, wie sie durch das Fenster ihres Souterrainzimmers zum gegenüberliegenden Berg hinaufschaut. Sie erklärt dem kleinen Schorschi, daß, wenn die Kühe auf der Alm so wild springen, das Wetter schlecht wird. Der Bub wundert sich, die Wiesen auf dem Untersberg sind gute acht Kilometer weit weg. Aber die Oma wird es schon wissen, sie hat ja fast ihr ganzes Leben in Reichenhall verbracht.

Ein paar Jahre später verwechselt sie ihren Enkel mit ihrem Sohn, die Enkelin mit ihrer Tochter. Gegen Ende zu ist sie selbst ein kleines Mädchen, das nach seinem Papa ruft. Sie läßt alles unter sich gehen, ihr Zimmer verwahrlost.

Kurz vor ihrem Tod diagnostizieren die Ärzte einen Hirntumor. 1969 war das mehr Verdacht als Gewißheit, aber galant, immerhin. Ein Hirntumor ist ein schlimmes Schicksal, aber sauber. Demenz dagegen eine peinliche, elende Katastrophe.

Die Persönlichkeit zerfällt. Der Mensch, den wir kannten, stirbt, während die körperliche Person noch am Leben ist.

Als sie Mitte Sechzig war, zeigten sich bei meiner Mutter erste Symptome von Morbus Alzheimer. Es folgten acht lange Jahre, bis ER sie endlich von diesem Fluch erlöste.

Die Schwester meiner Mutter hatte mehr Glück. Sie verbrachte sechs Monate demenzhalber im Altenheim, und dann verhalf ihr ein Pankreaskarzinom zu einem relativ eleganten Abschied. Ein besonders bösartiger Krebs als Helfer in der Not, der Tod als Freund. Keine ganz neue Metapher, in dem Fall aber gruselig wahr.

Die Bäuerin im *Varreckten Hof* scheint hin und wieder ins Delir abzudrehen, spricht mal normal und dann wieder in expressionistischen Bildern. Ist es der bei Demenzkranken häufige Wechsel zwischen Klarheit und Wahn, oder spielt sie mit den psychedelischen Anwandlungen, um ihre Umgebung zu manipulieren?

Ein gewitzter Psychologe könnte einwerfen, der Autor habe hier schlicht seine Angst vor dem Schicksal verarbeitet, das seine weiblichen Vorfahren heimgesucht hat. Daran mag etwas sein. Ich hätte mich in die Gruppe derer einreihen können, die die Katastrophe der Demenz beschreiben. Ich hielt es aber für künstlerisch interessanter und schauspielerisch ergiebiger, den Geisteszustand der Bäuerin im Ungefähren zu lassen.

Leute mit mehr literarischem Hintergrund mögen sagen, letztlich funktioniere die Bäuerin wie der weise Narr bei dem und dem.

Dazu kann ich nichts sagen. Ich war, bevor ich mein erstes Stück schrieb, erst siebenmal im Theater, fünfmal mit der Schulklasse und zweimal auf Einladung einer Pharmafirma.

Georg Ringsgwandl, Seehausen, den 18. 1. 2016.

DER VARRECKTE HOF

Eine Stubenoper
Gesänge in einer sterbenden Sprache
Bayerische Fassung

Die Personen

Weichsenrieder Mutter*, lebt allein auf dem Hof, der Mann tot, die Kinder aus dem Haus
Tochter Gerlinde, Lehrerin
Schwiegersohn Günter, arbeitet im Landratsamt, Leiter der Unteren Naturschutzbehörde
Sohn Rupert, Manager in der Industrie
Svetlana, Migrantin aus Osteuropa

* Die Weichsenriederin, Weichsenrieder Bäurin, bürgerlich Cäcilie Kreszentia Schnapper, gerufen Schnapper Cilly oder Schnapper Zenz.

1. Prolog: Stadt und Land

17
B♭
C
frogt. Und koa-na merkt, wenn wer zwoa Johr lang
19
B♭
Fm
toat im Zim - mer flackt.
21
Fm
In da Stodt, wenn je - mand plärrt,
22
stört es neamd, weil's koa - na härt, da
23
Stodt- mensch, sogt ma, der is frei, am
24
Fm
Land, do hoi - tns bes - ser zsamm, so
25
C
hoaßt's zu - min - dest ol - la - wei, doch
26
B♭
A♭
F
ob des stimmt? Ihr sehgt's es glei.

Prolog: Stadt und Land

Chorisch.

Da Mensch lebt auf dem Land, da Mensch lebt in da Stodt,
wo er hoit grod herkimmt oder highärt.
Da oane braucht den Trube, da andere sei Ruah,
wer woaß, warum ma so oder aa so werd?

In da Stodt konnst toa, wos'd mogst,
und koana, der di deswegn frogt.
Net wiar am Land, wo jeder schaut,
wos de grod tuat und der grod baut.

Neamad kümmert, wos du redst,
ob du krank bist oder lebst,
ma tuat des, wos ma wui und koana frogt.
Und koana merkt, wenn wer zwoa Johr lang toat im Zimmer flackt.

In da Stodt, wenn jemand plärrt,
stört es neamd, weil's koana härt,
da Stodtmensch, sogt ma, der is frei,
am Land, do hoitns besser zsamm,
so hoaßt's zumindest ollawei,
doch ob es stimmt? Ihr sehgt's es glei.

2. Die Mutter redet wirr

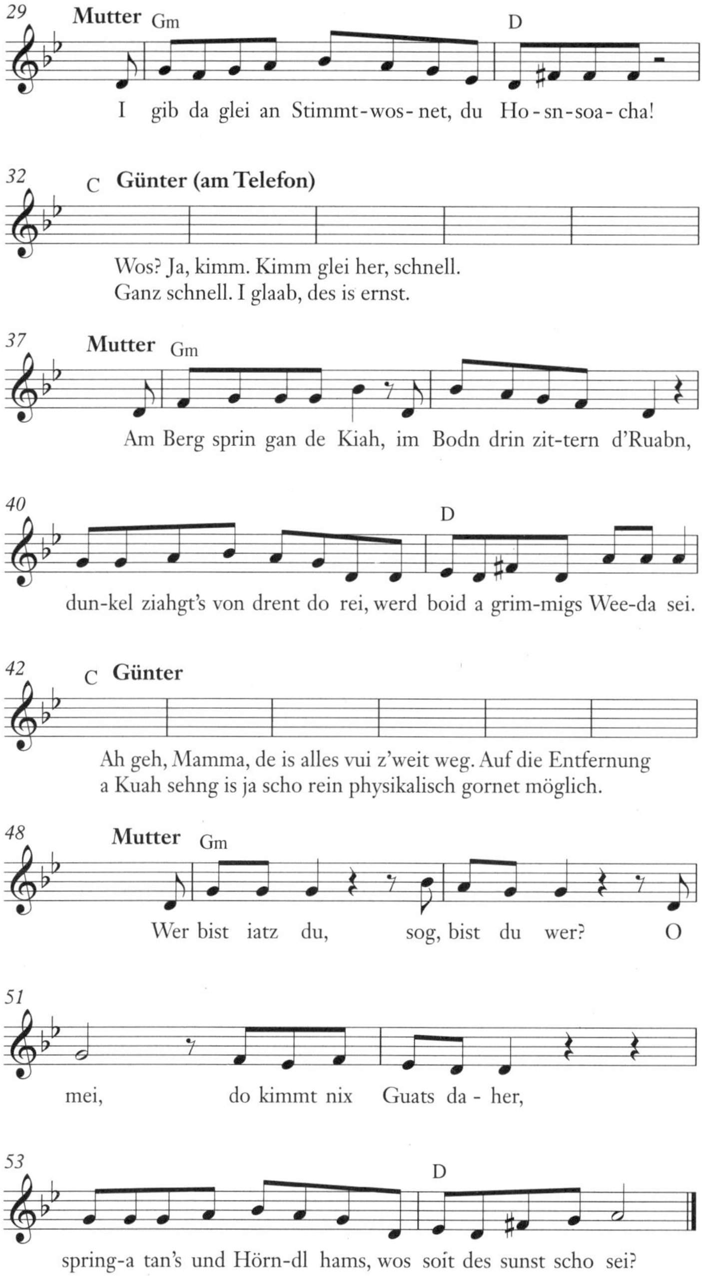
Mutter
I gib da glei an Stimmt-wos- net, du Ho - sn - soa - cha!
Günter (am Telefon)
Wos? Ja, kimm. Kimm glei her, schnell.
Ganz schnell. I glaab, des is ernst.
Mutter
Am Berg sprin gan de Kiah, im Bodn drin zit-tern d'Ruabn,
dun-kel ziahgt's von drent do rei, werd boid a grim-migs Wee-da sei.
Günter
Ah geh, Mamma, de is alles vui z'weit weg. Auf die Entfernung
a Kuah sehng is ja scho rein physikalisch gornet möglich.
Mutter
Wer bist iatz du, sog, bist du wer? O
mei, do kimmt nix Guats da - her,
spring-a tan's und Hörn-dl hams, wos soit des sunst scho sei?

MUTTER Vorbei, de scheena Tog. Vorbei mi'n guatn Weeda. Schlecht werds, ganz schlecht.

GÜNTER Ah geh, Mama, wia kimmstn do drauf? De Sunn scheint, de Vegl singen, warum soit's iatz auf oamoi schlecht werdn?

MUTTER Wenn d'Kiah so springan aufm Berg,
woaßt, daß's Wetter schlechter werd.

GÜNTER Obn am Untersberg? Des is Luftlinie acht, zehn Kilometer weg. Bist iatz scho so weitsichtig?

MUTTER Schlecht werd's, ganz schlecht.

GÜNTER *am Telefon* Gerlinde, du muaßt sofort kemma. De Mama hot wos. – Die Muatta, mit der stimmt wos net.

MUTTER I gib da glei an Stimmt-wos-net, du Hosnsoacha!

GÜNTER Wos? – Ja, kimm. Kimm glei her, schnell. Ganz schnell. I glaab, des is ernst.

MUTTER Am Berg springan de Kiah,
im Bodn drin zittern d'Ruabn,
dunkel ziahgt's von drent do rei,
werd boid a grimmig's Weeda sei.

GÜNTER Ah geh, Mamma, des is alles vui z'weit weg. Auf die Entfernung a Kuah sehng is ja scho rein physikalisch gornet möglich.

MUTTER Wer bist iatz du, sog, bist du wer?
O mei, do kimmt nix Guats daher.
Springa tan's und Hörndl hams,
wos soit des sunst scho sei?

GERLINDE Mama, sog, wos is denn? Wos hostn du? Geht's da net guat? Tuat da irgndwos weh? Mama! Iatz sog doch wos! Seit wann red't sie denn nimmer?

GÜNTER Grod vorher hot's no gred't. Do hot's sogor gsunga.

GERLINDE Gsunga? Ah, dann stimmt wos net. Mama, kimm, sog, wos is'n los, wos fehlt da denn?

3. Werd's am End'?

37
nei, und siehgt wos, wos mir erst vui spä-ter sehng.
42
Mutter
Siehgst as net, die Kiah auf-m Berg, wenn de so
47
spring-an, wird's Wet-ter schlecht.
Günter
Bis - sal selt-sam war's
52
ol-la-wei scho, und jetzt, wo sie oid is, werd's schlim-mer.
57
Gerlinde
Stimmt doch! Grod wiare hergefahrn bin, ham se's im Radio brocht, ab morgn regnt's. »Das Tief Oliver nähert sich von Island über Holland, Frankfurt …«
Mutter (oder beide)
61
In - gol-stadt und Groß-hart-pen-ning, Kloa-ding-ha-ting,
64
Rup - fn - dorf, Zup - fn - hei - sl, Te - gern - see, scho
67
is's bei uns her - in.

72 Dm Günter Bb
Mam - ma, geh zua, sog, wos redst denn
75 C Dm
bloß, des is vui z'weit weg, des konn koa-na sehng.
80 F Mutter C Bb
Wos's bloß ham, sie sehng's hoit net, für des mia-ßn's
85 F Dm
no bis-sal gschei-ter werdn. I woaß ge - nau,
90 Bb C
wos i siehg. I schau do ja scho seit achtzg
94 Dm F C
Joahr lang nauf. Ir - gend-wann, da ka - piern se's
99 Bb F
scho, und wenn net, ja dann mia - ßn's hoit dep-pert sterbn.
103 C (Instrumental) F

GÜNTER Werd's am End' no dement, damischer wia's eh scho gwen is? Is's im Kopf hoib scho drent, bloß des Gstell is no do, weil des wui no net.

GERLINDE So schlimm werd's hoffntlich doch net sei,
vielleicht hot's hoit grod moi net aufpaßt.
Konn des sei, sie schaut scho in Himme nei,
und siehgt wos, wos mir erst vui später sehng.

MUTTER Siehgst as net, die Kiah aufm Berg,
wenn de so springan, wird's Wetter schlecht.

GÜNTER A bissal seltsam war's ollawei scho, und
jetzt, wo sie oid is, wird's schlimmer.

GERLINDE Stimmt doch! Grod wiare hergfahrn bin, ham se's im Radio brocht, ab morgn regnt's. »Das Tief Oliver nähert sich von Island über Holland, Frankfurt ...«

MUTTER Ingolstadt und Großhartpenning, Kloadingharting, Rupfndorf, Zupfnheisl, Tegernsee, scho is's bei uns herin.

GÜNTER Mamma, geh zua, sog, wos redstn bloß,
des is vui z'weit weg, des konn koana sehng.

MUTTER Wos's bloß ham, sie sehng's hoit net,
für des miaßn's no bissal gscheiter werdn.
I woaß genau, wos i siehg. I schau do ja
scho seit achtzg Johr lang nauf.
Irgendwann kapiern se's scho, und wenn
net, ja dann miaßn's hoit deppert sterbn.

GÜNTER Ois erstes braucht's a gescheits Bett und an Rollstuhl mit an Haferl drin.

GERLINDE Naa, sie braucht wen, der se um sie kümmert.

GÜNTER Oiso: i hob koa Zeit.

GERLINDE Aber i scho, oda wos?

GÜNTER Gerlinde, bitte!

GERLINDE I konn korrigieren, bis finster is, und dann muaß i no meine Stunden für den nächstn Tog vorbereitn.

GÜNTER Aba du kimmst mittog hoam, und dann legst de zerst amoi hi.

GERLINDE Di intressiern doch bloß deine Fledermäis und deine Kaulquappen. Wia's mir geht, is dir ja vollkommen wurscht. I konn einfach nimmer. Mir steht's bis do! Des Ministerium preßt uns nei, wos geht, die Eltern werdn oiwei ekelhafter und wenn i dann endlich vor da Klass' steh, bin i so würflig, daß mi die Elendsfratzn in drei Stund fertigmachen.

GÜNTER Du, i stempet um hoib achte ei und dann hucke im Amt drin, bis ma de Birn raucht. I taat me aa gern amoi hilegn nochn Mittogessen.

GERLINDE Du steckst in da Friah dei Kartn nei und dann machst da zerst amoi an Kaffee. Du büglst gmiatlich deine Anträg' owa und wenn's da faad werd, fahrst aufs Land naus und ärgerst an Bauern. So schaut's aus. – I ruaf iatz an Rupert o. Sie hot ja schließlich aa no an Sohn.

GÜNTER Da Industriemanager. Moanst, daß der Zeit hot?

GERLINDE Hot's iatz ebba des Telefon vazogn? Klar, die Töchter ham ja Zeit, des is bei dene ja scho angeboren. Wo hot's denn des verdammte Telefon hi? »Da liabe Riape …« Da liabe Riape soit ruhig amoi sehng, wos do herin los is.

Mutter rutscht aus dem Bett, zieht eine Salatschüßl aus dem Küchenschrank und setzt sich drauf.

4a. Wo is mei Haferl?

MUTTER Wo is mei Haferl? Wer hot mir mei Haferl vazogn?
Am Hof san fremde Leit,
wo ham s'es nur bloß hi, mei Zeig?
Wo is mei Haferl? Wer hot mir mei Haferl vazogn?
Schau, wiara grausig schaut, so stinkfaul und valogn,
der hintafotzig Krüppe, der hot ma s'Zeig vazogn.

GERLINDE Mamma, doch net in de emaillane Salatschüssl, des is doch dei Aussteuer.

MUTTER I bachet eine, wo's ma taugt.

GERLINDE Muaßt denn immer so ordinär daherredn, Mamma, des konn ma doch aa anders sogn.

MUTTER Meine Herrn, i bin so frei, i soach in d'Millibitschn nei.

GERLINDE Mamma, bitte! Wos soitn do da Günter denka.

MUTTER Denkt der wos? Wos für a Günter? Is scho wieda Liachtmeß gwen, daß neie Knecht im Haus san? Hoaßt do oana leicht Günter? Günter? Des hot's ja no nia gebn, daß mir an Knecht ghabt hättn, der se Günter schimpft. A Günter. Ja mir gehst.

GERLINDE Mamma, bitte, du konnst doch net in de Solotschüssl neibiesln. Du bist doch koa kloans Kind mehr.

4b. Weichsenrieder Zenzerl

MUTTER Dem Weichsnriada Zenzal, dem red't koa Mensch nix drei'. Wann's soacha muaß, dann brunzt sie in a Schüßl nei.

GERLINDE Kimm Mamma, mir gehn iatz naus, des mach ma genauso, wia's ghärt.

MUTTER I muaß so notwendig brunzn, i bachet in jede Schüßl nei.

GERLINDE Bacheln sogt ma nimma, des is einfach z'gschert.

MUTTER Hot da Babba owei gsogt: Ins Bett brauchst ma net neisoacha, aba beim Balkon konnst leicht owebachen. – Und springa tan's wieda, grod narrisch san's. Wiara so a Riesnviech a so umanandahupfa konn. Oh, do wird's ganz saumaßig owabachen morgn.

5a. Wos is scho wieder los?

Mutter
Es werd des Wet-ter schlecht, i glaab, es kimmt a Sturm. I moan, i
hör da wos, es geht wos um.
Rupert
Ja wos sitzt's ihr do so da-sig rum, streit's eich grod o-der stimmt wos net?
Mam-ma, sog, wos is denn los? Sitz de auf und schau mi o!
Mutter
Bist du da Ria-pe? Bist du da Ria-pe? Mei
schee, daß'd kimmst, mei Bua, mei Bua. Bist du da
Ria - pe? Bist du da Ria - pe? Ja
schee, so schee, mei lia - ba Bua.

Ankunft des Sohnes.

MUTTER Ja wos is scho wieder los, ja wos kannt' des iatz bloß sei?
Ja wer kimmt um diese Zeit aufm Hof vorbei?
Ja wer schleicht um diese Zeit draußn um mei Hüttn rum?
San scho wieda Krattler do, de ma ebbas klaun?

GERLINDE Mamma, sog, wos härstn bloß? Geht dir grod im Kopf wos um?

MUTTER Es werd des Wetter schlecht, i glaab, es kimmt a Sturm.
I moan, i hör da wos, es geht wos um.

RUPERT Ja wos sitzt's ihr do so dasig rum, streit's eich grod oder stimmt wos net?
Mamma, sog, wos is denn los? Sitz de auf und schau mi o!

MUTTER Bist du da Riape? Bist du da Riape?
Mei, schee, daß'd kimmst, mei Bua, mei Bua.
Bist du da Riape? Bist du da Riape?
Ja schee, so schee, mei liaba Bua.

5b. … und de Töchter san vagessn

10
an da Toch - ter hän - ga - bleibt, wos sie
11
ma - cha muß, weil sunst die Muat - ta schreit, für
12 C G
des es nia koa Dank-schön gibt, aa wenn se sich des Kreiz va-biagt, und
14 D C
kimmt dann moi da Bua ins Haus, des er-ste Moi seit Ni-ko-laus, dann
16 D C G Chor
geht da Muat-tas' Herz glei auf und de Toch-ter is va-ges-sn. Ja,
18 C G
kimmt dann moi da Sohn vor-bei, des er-ste Moi seit lan-ger Zeit, dann
20 D C G
geht de Müat-tas' Herz glei auf und de Töch-ter san va-ges-sn.
22 C Gerlinde G
Kimmt dann moi da Bua her-ghetzt, des er-ste Moi seit sechs-a-sechzg, ja,
24 C G
gibt sich der Herr Sohn die Ehr, des let-zte Moi is e-wig her, der

GERLINDE Unseroans konn des ganze Johr
putzn, waschn und des Haus zsammhoitn,
Dreck wegkratzn, Zeig eikaffa, in da Kammer zsammaramma
und am End' no Brennhoiz spoitn.
Wer taat ihr sonst de Post aufmacha,
ab und zua wos Gscheites kocha?
Dieses ganze massenhafte, ekelhafte Matzngraffe,
um des sich sonst neamad reißt,
des Glump, um wos sich koana scheißt,
wos an da Tochter hängableibt,
wos sie macha muaß, weil sunst de Muatta schreit,
für des es nia koa Dankschön gibt,
aa wenn se sich des Kreiz vabiagt,
und kimmt dann moi da Bua ins Haus,
des erste Moi seit Nikolaus,
dann geht da Muatta s'Herz glei auf
und de Tochter is vagessn.

CHOR Ja, kimmt dann moi da Sohn vorbei,
des erste Moi seit langer Zeit,
dann geht de Müatta s'Herz glei auf
und de Töchter san vagessn.

GERLINDE Kimmt dann moi da Bua herghetzt,
des erste Moi seit 66,
ja, gibt sich der Herr Sohn die Ehr,
des letzte Moi is ewig her,
der schaut ja net so oft vorbei,
oamoi im Johr, am ersten Mai,
sofern der grod auf Pfingstn foit,
und wenn des Wetter grausig is,
vielleicht aa no auf Weihnachtn,
sofern er grod nix Bessers woaß,
sonst fliagt a liaba glei
poor Tog in de Türkei.

MUTTER Ja so a Scheiß-Haus.
I hau de Läis naus,
mir geht da Reis aus,
i muaß aufs Gleis naus.
Zu dene Mäis naus,
iatz nimme Reißaus,
des hoit koa Leich aus,
do muaß i gleich naus.

6. Burn-out

GERLINDE Woaßt, wos i moan?

RUPERT Klar. So geht's net weita.

GÜNTER Du, des wissn mir aa. I hob mi mit da Gerlinde scho ausgetauscht, und mir san zu dem Schluß kemma: irgendwer muaß sich um sie kümmern. Iatz is bloß noch die Frage, wer?

RUPERT Du. Oiwei der, der frogt.

GÜNTER I? Naa, unmöglich. Du, i hob de Untere Naturschutzbehörde unter mir. Mir kriagn FFH-Verordnungen rei noch und nöcher.

RUPERT Wos für Verordnungen?

GÜNTER Flora-Fauna-Habitat-...

MUTTER Vadammt fauler Huckbeamter.

GÜNTER Moor, Moos, Sumpf, i muaß mi um jedes Feuchtgebiet kümmern. Do bist beschäftigt. Und dann kimmt erst no die Fortbildung. Noch da letzten BRÖKKAL-Tagung in da Eifel ...

RUPERT Nach wos?

GÜNTER Noch dem BRÖKKAL-Symposium.

RUPERT Bröckerl wos?

GÜNTER Naa, naa, BRÖKKAL in Großbuchstaben: **B**ayerischer **R**at für **Ö**kologische **K**lein**K**raft**A**n**L**agen. Do is's um Streuobstwiesen ganga. Des war streng. Und wia i von dera Tagung zruckkemma bin, sogt da Chef: Schmidt, ab heute machen Sie die Streuobstwiesn. I moan, vastehst, wos i moan, irgendwann geht's nimmer, und do hob i eahm aufn Kopf zua gsogt: Sorry, es geht nimma, i brauch ein Sabbatjahr.

RUPERT Spitze, dann host ja Zeit.

GÜNTER Nein! Ja grod net: Seit i nimmer arbat, hob i übahaapt koa Zeit mehr. Mein Arbeitgeber erwartet schließlich von mir, daß i in der Zeit wos für mi sejba tua. I muaß mi erholen, dazu bin i gesetzlich verpflichtet.

RUPERT Erholen von wos?

GÜNTER Von dem Burn-out.

RUPERT Ja, des Leben is ein Burn-out, von der Wiege bis zur Bahre. Von der Taufkerze zum Krematorium ein einziger Verbrennungsprozeß und am End' bleibt nix übrig. – Und du, wos is mit dir?

GERLINDE I? Wos soit mit mir sei?

RUPERT De meiste Zeit host Ferien und die restliche Zeit arbatst hoibtogs. Warum kümmerst du dich net um d'Muatta?

GERLINDE Iatzt fangst aber glei oane.

RUPERT Naa, ganz im Ernst: Wenn wer von uns Zeit hot, dann du.

GERLINDE Wißt's es Manager eigntlich, wia's in da wirklichn, realen Welt heitzutog zuageht? Ihr hockts gmiatlich in eire Büros drin und kassierts fette Boni, aber der ganze Irrsinn, den's ihr mit eirer Hetzerei ostellts, der schlogt auf de Kinda durch, und i muaß des aushoitn. Aber i konn nimmer. Die Kinder fressen mich auf!

RUPERT Mir vakaffan Softwarelösungen für robotergestützte Mobilitätskonzepte, des hot doch mit de Schuikinda in Keanzldorf nix zum toa.

GERLINDE Ihr preßt's den Vater aus, der macht sei Frau fertig, de gibt's an de Kinda weita, und mir Lehrer kinnans ausbodn. Warum kümmerst du di net um dei Muatta? Du host koa Familie, du bist guat im Organisiern, und du bist ihra eh da Liabste von olle.

RUPERT Du moanst, vierzehn Stund am Tog langt net, i brauch no wos für mei Freizeit.

GÜNTER Dann delegiers hoit. Des kinnt's ihr doch so guat: Andere arbatn lossn. Ihr selber taats doch gornix mehr – außer kassieren.

RUPERT Genau, aba du arbats wos.

GÜNTER Wenn mir im Amt nix mehr arbatn, bricht ois zsamm. Wenn mir nämlich nix genehmigen, derfst du aa nix arbatn, und dann is Schluß mit da Industrie. Vastehst? Wenn mir Na sogn, derf da Bäcker net amoi sei Backstubn aufsperrn.

RUPERT Danke.

GÜNTER Damit ma uns net foisch vastehn, i taat gern den Hof macha. I waar wirklich gern Landwirt gwordn. I hob den Bauern in mir drin, ganz tiaf, des spür i. Selbstversorger, vastehst, des waar owei scho des Mei gwesn.

RUPERT Aber leider muaßt du den Bauern in dir unterdrücken.

GÜNTER Samma doch amoi realistisch: De Landwirtschaft bringt nix mehr. Du konnst an riesigen Hof mit dreißg Togwerk hobn, du konnst de totschuften und verdienst net amoi des, wos i mit A13 hob.

RUPERT Wia kimmst du auf A13?

GÜNTER Du, die Leitung der Unteren Naturschutzbehörde, des ist kein Ponyhof, wenn du woaßt, wos i moan, so a Planstelle is koa gmahde Wiesn. I häng mi gern für die Umwelt nei, aber oans derf ma net vagessen: Der Tog hot 24 Stund, und davon gehn achtahoib Stund für Arbat drauf, tagtäglich!

RUPERT Fünf Moi in da Woch!

GÜNTER Genau. Und jede Stund, die i im Amt drinsitz, fehlt ma hinterher bei der Freizeit. Der Feinstaub von de Fotokopierer, der Elektrosmog, Computer, Mäuse, Kabel im Fuaßbodn, Kabel in der Deckn. Des san Belastungen. Und wer woaß, wia lang hoit da Organismus diese Umweltverschmutzung no aus?

MUTTER *singt* Und wia lang hoit da Organismus diese Umweltverschmutzung no aus?

GÜNTER A Zeitlang beißt ma se durch, aber irgendwann sogt da Körper Stopp!, und dann bist ausbrennt wiara Osterkerzn an Fronleichnam.

RUPERT Wiara Zündkerzn noch da Rußlandrallye.

7. Fertig

STIMMEN Du host koa Zeit, i hob koa Zeit, mir ham olle vui zum Toa.

Mir schuftn und mir arbatn, mir werkln, buckln, rackern.

Mir fronen wia de Sklaven, und wia de Stier mir ackern.

Mir schiabn ois wia de Ochsn, i sog eich, gegenwärtig woaß koana, wia es weitergeht, mir san fertig, fertig, fertig.

RUPERT Und wenn ma ihr wem aus da Nachbarschaft schikkan?

GERLINDE Aus da Nachbarschaft? Von dene macht's sicher koana, de kennan sie nämlich.

GÜNTER I frog amoi den Kreuzpointner vom Ausländerreferat, vielleicht kennt der oane.

8. Olle ham se's wichtig

Bluesrezital in e

MUTTER Olle san sie schwer beschäftigt,
olle ham se's wichtig.
Unentbehrlich no da letzte Depp.

Mancher muaß an fuchzehn Plätze
sei zur gleichen Zeit,
mancher kannt' se auf da Stell zarreißn.

Manche werdn von olle braucht,
es geht net ohne sie,
und a poor gibt's, de braucht koana mehr,
zu dene, do g'här i.

Manche werdn so dringend braucht,
de werdn vom Streß ganz irr,
nach andere frogt koana mehr,
und dazu, schau, g'härn mir.

Mancher konn se hoib dastäßn,
der werkelt, frog net, wia,
und andre liegn dahoam im Bett,
und dazu, schau, g'härn mir.

9. Svetlana

GERLINDE Mamma, des is de Svetlana. – Es is ganz unterschiedlich mit ihr. Manchmoi is sie völlig klar, und dann gibt's wieder Phasen, do is sie komplett durchn Wind. Da kennt sie keinen Menschen und weiß net mal, wo sie is.

MUTTER Redts es über mi?

GERLINDE Gej, Mamma, aba des werd scho wieder. – Manchmal geht sie selbst aufs Klo, aber besser is's, du gehst mit ihr naus, sie geht nämlich bißl schlecht in letzter Zeit.

MUTTER Bist du a Daxngruaba Dirndl? De warn oiwei so frech:

Daxngruaba, Haxngruaba, kraxlt zu mein Fensterl zuawa.

GERLINDE Mamma, bitte!

MUTTER Von wos fiaran Hof bistn du außa?

GERLINDE Mamma, die Svetlana kimmt aus Moldau.

MUTTER Von Lenggrias hint'?

SVETLANA Bin ich Svetlana, aus Moldau.

MUTTER Vom Smetana außa? Do schau her, a Smetana-Dirndl.

GERLINDE Naa, Mamma, des Land, wo sie herkimmt, hoaßt Moldau, oder Moldawien.

MUTTER Gschwerl.
SVETLANA Geb ich dir gleich Gschwerl.
GERLINDE Naa, Mamma: Osteuropa, verstehst?
MUTTER Bei Dingolfing drentn?
GERLINDE Naa, no weiter. Mehr so Richtung Ukraine.
MUTTER Wos, a Ukrainarin? Habt's net wenigstens a Ästarreicheren gfundn?
GÜNTER Oda waar da a Mo liaba gwen?
MUTTER Naa, naa, scho a Frau. De Manna san ja so grob.
GERLINDE Des is scho lang nimma so. Es gibt heit aa Männer, de ganz sanft san. De san oft no sanfter wia de Weiba.
MUTTER Naa, mir gehst. – Warum paßt du net auf mi auf?
GERLINDE Mamma, i bin HSK-Lehrerin, i konn einfach net.
MUTTER I hob gmoant, du bist Handarbeitslehrerin.
GERLINDE Mamma, des hoaßt heit HSK.
MUTTER Abkürzungen hams wia beim Hitler.
GERLINDE Oiso, pfiat eich.
SVETLANA Oma, wie geht?
MUTTER Oit wer'e, oit und deppert.
SVETLANA Mensch ist immer so alt, wie sich fühlt.
MUTTER O mei, Madl, wenn's noch dem geh taat, waar i scho zehn Johr lang toat. Wos hostn du friaha gmacht?
SVETLANA Alles mögliche.
MUTTER Kanntst ma du an Kaffee macha?
SVETLANA Kaffee, um die Zeit?
MUTTER Freilich, sunst konn i übahaapt net schlaffa. Bist du a recht a Rufan, oder konnst du aa dahoam bleibn?
SVETLANA Wos host du für Krankheit, Oma?
MUTTER Für d'Baiarin langt ma de Kraft nimmer, fürs Muattersei bin i z'oid, und für d'Oma fehln ma die Enkel.
SVETLANA Soll ich Muatterl sagen zu dir oder Bäuerin?
MUTTER Da Bua rennt wiara Vabrennta durch d'Weltgschicht, und de Tochter kriagt koans, weil da Mo nix zsammbringt.

SVETLANA Welcher Mo?

MUTTER Da Günter.

SVETLANA Ich hab mir denkt, Günter is dein Sohn.

MUTTER Der? Naa, naa, der ghärt da Gerlinde. Des is ja des Gfrett. Iatz is *sie* scho so damisch und dann bringt's aa no so an Deppn daher. Werst as glei sehng. Kimmt eh glei vorbei zum Omejdn.

SVETLANA Omejdn?

MUTTER Freilich, er muaß di im Landratsamt omejdn.

SVETLANA Kann er des?

MUTTER Des is des oanzige, wos er konn. Formulare ausfuin, des hot er studiert. Aber sunst riahrt se net vui bei eahm.

SVETLANA Sunst wos?

MUTTER Sunst is net vui los.

SVETLANA Vielleicht braucht er bloß bissel Hilfe.

MUTTER Du bist guat. Ideen ham's da heitzutog, de Weiba, sappra sappra.

SVETLANA Mama, i bring dich jetzt naus. Net, daß Unglück gibt, wenn Günter kommt.

MUTTER I geh alloa naus. – Kimmt da Günter, is's glei Winter, schaut da Winter rei beim Fenster, werd's um Mittog rum scho finster.

SVETLANA Kommst zurecht? Weißt, wo hingeht?

MUTTER *rezitiert grummelnd* I muaß ins Hei naus,
iatz muaß da Brei naus,
do geh i glei naus …

GÜNTER Na, wia geht's mit da Mamma? Is's immer noch so vawirrt?

SVETLANA Was sagst du Mamma? Was hast du mir erzählt? Sie is nicht deine Mama, und du kriegst nicht Hof. Du hast mich gelogen.

GÜNTER Ivanka bitte, i moan, was heißt scho gelogen, mir sagen halt immer Mamma zu ihr, und wenn die Mamma stirbt, erbt die Gerlinde, und damit is des ja aa irgendwo a Stück weit mei Hof. Letztlich g'hört er ja uns alle.

SVETLANA Deine Schwester Gerlinde?

GÜNTER Naa, naa, mei Frau.

SVETLANA Vor drei Wochen war sie noch deine Schwester.

GÜNTER Ja gut, okay, des war halt eine Notsituation.

SVETLANA Not? Du weißt doch gar nicht, was Not heißt. Du redst von Sachen, von denen du keine Ahnung hast. Aber bescheißen kannst. – Du erledigst heut die Anmeldung für mich, sonst bin ich morgen bei Chef von Behörde. – So eine Ratte …

MUTTER Wos, an Ratz host gsehng?

SVETLANA Ja, ganz an fetten.

MUTTER Wos'd net sogst.

10. Ratzn

MUTTER Poor Ratzn gibt's auf jedm Hof,
poor Ratzn gibt's oiwei.
Aa wenn du no so scharf aufpaßt und streng.

Du konnst Foin aufstelln und Gift verteiln,
du konnst macha, wos du wuist,
moi san's im Korn und dann san se im Hei.

Du konnst de aufn Kopf stelln,
du konnst schimpfa, schlogn und schrein,
es helft ois nix, poor Ratzn, de werdn bleibn.

Se klaun da s'Essen aus da Speis,
se kemman übaroi nei,
wer des net mog, der derf koan Hof net hobn.

Ganz wurscht, in welches Haus du schaust,
des konn no so sauber sei,
bleib poor Tog, dann siehgst as scho,
poor Ratzn gibt's owei.

Manchmoi is da Wurm drin,
oft is's a Viecherei,
net so tragisch, wenn's da's woaßt,
poor Ratzn gibt's oiwei.

11. Badetag

SVETLANA Frau Weichsenrieder, heut werd gebadet.
MUTTER I bodn? Wia kimmst iatz do drauf?
SVETLANA Freitag is Badetag. Und weil die Frau Weichsenrieder eine saubere Frau is, badet sie heut. Des hat sie scho immer so gmacht.
MUTTER Wia mechstn du des wissen, ha? Bist scho so lang do?

SVETLANA Lang genug. Zwölf Mal hab ich mit der Frau Weichsenrieder schon gebadet.

MUTTER I bin net de Frau Weichsenrieder, i bin de Weichsenriederin. Vastehst? Weichsenrieder is da Hofnam', aber schreiben tan mir uns Schnapper. De Frau Schnapper is de Bäurin aufm Weichsenrieder-Hof. So is des. I bin a geborene Kreuzpointner und a verwitwete Schnapper, aber vom Beruf her owei no de Weichsenriederin. Host me? Und koane von dene wui heit bodn.

SVETLANA Dann kriegn mir aber gschimpft von da Tochter.

MUTTER *rezitiert* De is koa gscheite Schnapper mehr. Schmidt hoaßt's iatz, Schmidt-Schnapper. So mit Doppe-Nam, wia's iatz olle ham.
So a Doppe-Nama, du, i taat mi schama.
Und mitten zwischen Du und Ich: ein Bindestrich.
Es hoaßt, wenn sie sich doppelt nennan,
daß sie nia gscheit zsammakemman.
Weil mitten zwischen Du und Ich, do steht der Bindestrich.

SVETLANA Wie heißt ma denn richtig?

MUTTER Ma braucht übahaupt net hoaßn. Du bist de Weichsnriederin oder die Daxnbergerin, es gibt an Hofnama, und des langt.

SVETLANA Und wenn du nicht Hof hast?

MUTTER Dann heiratst in oan ei.

SVETLANA Aber wos is, wenn du nicht in Hof einheiratest, sondern in Häusl?

MUTTER Dann host an Häuslnama. Irgnd an Nama hot jeder – außer es san Wohnungsleit, dann is's natürlich hoakl. Aber aa de kinnan an gescheitn Nama hobn.

SVETLANA An gescheitn Nama?

12. Namen

Mutter
Zum Bei - spiel, Ei - sen - rie - der, Hin - ter - stoi - ßer,
Rei-chen-ber- ger, Hin-ter-mo- ser, Fins-ter-wal- der, Fo-der-may- er,
Hin - ter - se - er, Kern. Ei - chen - lo - her, O - ber - mül - ler,
Let-ten - bau- er, Nie-der-rei- ter, We- ber, Re- ber, Schrei - ner, hin-ter
je - dem Nam' a Gschicht. O - ber - hol- zer, Un - ter - holz - ner,
May-er - ho - fer, Licht-ma-neg- ger, En - zin- ger, Rie-der-ing - er,
des san gschei-te Nam'. Ku- chl - bau - er, Kirch - ber - ger,
Nie -der-, Haus-, und Spie-gels - ber - ger. Wan-nin- ger, Woi-pa-ting- er,
Ra-tzen-bich-ler, Späth. Da Zim-mer und da Zim me - rer, da

19
F C
Roi-der und da Roi-de-rer, Schmied und Schmie-der, Schmie-de-rer, ja
21
F G B♭
wo kimmt des bloß her? O-ber-mai-er, Un-ter-mai-er,
23
F C
Vor-der-, Mit-ter-, Hin-ter-mei-er, Klos-ter-mei-er, Nie-der-mei-er
25
F C B♭
o-der ein-fach bloß da Mei-er. Ei-sen-bi-chler, Bi-chl-mai-er,
27
F C
Bich-ler, Bruck-ner, o-der Bei-er, Na-men ü-ber Na-men, a
29
B♭ F F
Wis-sen-schaft für sich. Wie-ser, Rie-ser, Ja-ger, Ba-der,
31
B♭
Bau-er, Dre-scher o-der Ma-der,
32
C F C
Hol-zer, Metz-ger, Sche-rer, Schrei-ner, Ha-cker o-der Schmied.
34
B♭
Klo-pfer, Deng-ler, Drechs-ler, Spreng-er,

Köh - ler, Gru - ber, Bren - ner, Sen - ner,
Schret - ter, Schnei - der, Mül - ler, Knecht, je - der
Svetlana - (frei)
hoaßt des, wos er tuat.
Jetzt sag ich dir, wie heißt bei uns,
bei uns, da heißt man so:
Pu - tin, Sta - lin, Ga - ga - rin und Ras - pu - tin.
Mutter
Soi-che Na-ma gibt's bei eich? Na geh, des is doch schiach!
Svetlana
Ro-ma-now, Ras-kol - ni- kow, Si - kor-ski und Ka-lasch-ni-kow,
Mutter
lau - ter schia-che Na - ma, des härt se o noch Kriag,
Na - ma von so Man - na, vor de - ne ma se fürcht,
lau - ter schia-che Na - ma, do wo ma s'Bluat scho riacht.

52
F Svetlana
B♭
Sol-sche-ni-zyn, Ma-ja-kow-ski, Schos-ta-ko-witsch und Tschai-kow-ski,
54
C Mutter
F
C
der kimmt mir be-kannt vor, wohnt der net in Min-ga?
56
B♭ Svetlana
F
Pusch-kin, Tol-stoi, Dos-to-jew-ski, Nijin-ski, Kin-ski und Stra-win-sky,
58
C Mutter
F
C
Pusch-kin a-pro-pos, bringst ma wos zum Trin-ka?
60
B♭
Wia is des glei wie-der gwen, hot da
61
F
C
Pu-tin den Ra-det-zky gschriebn, o-der war es um-ge-kehrt, da
63
C
C7
Svetlana
oa-ne schiaßt und der mar-schiert? Der
64
B♭
F
C
F
Chleb-ni- und der Na-bo-kov, lau-ter su-per Künst-ler.
66
Mutter (frei)
F
Iatzat no de Vornamen,
des san lauter Heilige:
Re-si, Zen-zi, Ma-ri, Le-ni,

69
B♭
C
Ka-thi, Hil-de, Bar-ba-ra, Han-ni, Fan-ni, Lu-zi und a
71
F
C
F
je-de hot ihr Gschicht. Bar-tl, Har-tl, Mar-tl, An-derl,
73
B♭
C
Sepp und Rupp und Hias und Schorsch, oa Sil-be o-der zwoa, län-ger
75
F
C
B♭
Svetlana
derf der Nam' net sei. Kennst du die mo-der-nen Na-men,
77
C
C7
F
wie die Ma-dl hei-ßen heut? Fí-o-na, Pa-ris, Ni-co-le,
79
B♭
Mutter
C
Cin-dy o-der De-si-rée, des san doch koa-ne Na ma, naa,
81
F
C
Svetlana
F
här ma auf bloß, geh. Die Bu-ben hei-ßen Ke-vin, Jus-tin,
83
B♭
Mutter
C
Kee-fer, Ru-ben o-der Sky. Naa wos für Krampf, de ar ma Buam, wem
85
F
C
B♭
foit denn so-wos ei? Wos is mit de El-tern los, wos

MUTTER *Auftakt* Zum Beispiel,
Eisenrieder, Hinterstoißer, Reichenberger, Hintermoser,
Finsterwalder, Fodermayer, Hinterseer, Kern.
Eichenloher, Obermüller, Lettenbauer, Niederreiter,
Weber, Reber, Schreiner, hinter jedem Nam' a Gschicht.

Oberholzer, Unterholzner, Mayerhofer, Lichtmanegger,
Enzinger, Riederinger, des san gscheite Nam'.
Kuchlbauer, Kirchberger, Nieder-, Haus- und
Spiegelsberger.
Wanninger, Woipatinger, Ratzenbichler, Späth.

Da Zimmer und da Zimmerer,
da Roider und da Roiderer,
Schmied und Schmieder, Schmiederer,
ja wo kimmt des bloß her?

Obermaier, Untermaier, Vorder-, Mitter-, Hintermeier,
Klostermeier, Niedermeier, oder einfach bloß da Meier.
Eisenbichler, Bichlmaier, Bichler, Bruckner oder Beier,
Namen über Namen, a Wissenschaft für sich.

Wieser, Rieser, Jager, Bader, Bauer, Drescher oder Mader,
Holzer, Metzger, Scherer, Schreiner, Hacker oder Schmied.
Klopfer, Dengler, Drechsler, Sprenger, Köhler, Gruber, Brenner, Senner,
Schretter, Schneider, Müller, Knecht, jeder hoaßt des, wos er tuat.

SVETLANA Jetzt sag ich dir, wie heißt bei uns, bei uns, da heißt man so:
Putin, Stalin, Gagarin und Rasputin.

MUTTER Soiche Nama gibt's bei eich? Na geh, des is doch schiach!

SVETLANA Romanow, Raskolnikow, Sikorski und Kalaschnikow,

MUTTER lauter schiache Nama, des härt se o nach Kriag,
Nama von so Manna, vor dene ma se fürcht,
lauter schiache Nama, do wo ma s'Bluat scho riacht.

SVETLANA Solschenizyn, Majakowski,
Schostakowitsch und Tschaikowski,

MUTTER der kimmt mir bekannt vor,
wohnt der net in Minga?

SVETLANA Puschkin, Tolstoi, Dostojewski,
Nijinski, Kinski und Strawinsky,

MUTTER Puschkin apropos,

bringst ma wos zum Trinka?
Wia is des glei wieder gwen,
hot da Putin den Radetzky gschriebn,
oder war es umgekehrt,
da oane schiaßt und der marschiert?

SVETLANA Der Chlebni- und der Nabokov,
lauter super Künstler.

MUTTER Iatzat no de Vornamen, des san lauter Heilige:
Resi, Zenzi, Mari, Leni, Kathi, Hilde, Barbara,
Hanni, Fanni, Luzi und a jede hot ihr Gschicht.
Bartl, Hartl, Martl, Anderl, Sepp und Rupp und Hias und Schorsch,
oa Silbe oder zwoa, länger derf der Nam' net sei.

SVETLANA Kennst du die modernen Namen, wie die Madl heißen heut?
Fíona, Paris, Nicole, Cindy oder Desirée,

MUTTER des san doch koane Namen, naa, här ma auf bloß, geh.

SVETLANA Die Buben heißen Kevin, Justin, Keefer, Ruben oder Sky.

MUTTER Naa wos für Krampf, de arma Buam, wem foit denn sowos ei?
Wos is mit de Eltern los, wos spinnen de bloß zsamm?
Do bist gezeichnet für dei Leben, so a Kind, des is doch arm.
De Muatta hoaßt so wia da Vatta, aa wenn sie's net vasteht,
de Patin hoaßt bei uns de Gon und der Pate hoaßt da Geth,
Des Madl hoaßt wia d'Muatta, nochm Vatter hoaßt da Bua,
so ghärt es und so werd ma 'taafft, Nam drauf und a Ruah.

13. Pflegestandards

GERLINDE Wos isn do los? Oiso, des geht fei net. A Mordsgaudi in da Stubn und d' Mamma is oiwei no net bod't.

MUTTER Hilfe, Hilfe, Polizei!

SVETLANA Mutter geht gut. Alles ok.

GERLINDE Naa, von wegen. Schaun Sie's doch o, wia vagrind't sie is! Gell, Mama, du bist no net bod't. Des Wasser is koit, und sie is noch genauso dreckat wia letzte Woch'.

SVETLANA Na geh. Oma schaut no ganz guat aus, und jetzt baden mir, und dann ham mir saubere Oma für Wochenende.

GERLINDE Oma? Seit wann sogt ma zu einer pflegebedürftigen Person Oma? Für Sie is das immer noch die Frau Schnapper, und so möchte ich auch, daß Sie sie ansprechen.

SVETLANA Immer auf die Migranten.

GERLINDE Sie brauchen mir garnix erzählen. Ich hab einen harten Vormittag hinter mir. Wissen Sie eigentlich, was auf mich alles einprasselt? Wenn ich in der Früh des Klassenzimmer aufsperr, stürmen die globalen Verwerfungen in Gestalt einer Horde rotzfrecher Kinder auf mich los, und wenn i aufn Hof kimm, sogn Sie zu meiner Mutter »Oma«.

SVETLANA Ohne die globalen Verwerfungen tät ich zu der Oma garnix sagen, da wär ich Professor in Belarus.

GERLINDE Moment, was machen Sie denn do? Sie können doch net die Plastiktüten im Ofen vabrenna.

SVETLANA No sicher. Brennt wie nix.

GERLINDE Die g'hörn in den Gelben Sack. – Von Mülltrennung hot's aa no nix ghärt. Des kennan's wahrscheinlich no net, do hintn. – Wos is'n des? Sie können doch die Joghurtbecher net einfach in den Biomüll schmeißn!

SVETLANA Ist sich Bio-Joghurt.

GERLINDE Der Joghurt natürlich, aber doch nicht die Becher!

SVETLANA Steht aber nicht drauf.

GERLINDE So geht's einfach net. Ich möchte, daß alles in Ordnung ist. I hob scho genügend Konflikte zum Aushoitn in dera Scheißgsellschaft.

MUTTER Zsammhoitn, aushoitn. Jeda muaß sei G'hoit ausweitn.

GERLINDE Da! Hören Sie sich des an! Sie is ja scho ganz damisch.

MUTTER Hot de Oid des no net gschnoit,
geht da Oid mit Gwoit in'n Woid.

GERLINDE Da, habn Se's ghört? Koa Wunda. Sie halten die Pflegestandards ein und sprechen die Mamma so an, wia se's ghärt.

SVETLANA Dann sagen mir Babuschka zu dir, gell, Oma.

GERLINDE Nein, Sie sagen auch nicht Babuschka zu ihr. Ham Sie des net glernt?

SVETLANA Gelernt? Was?

GERLINDE Sagn'S bloß, Sie streichen da unsere Gelder ein und san net amoi zertifiziert?

14. Hab ich in Kiew …

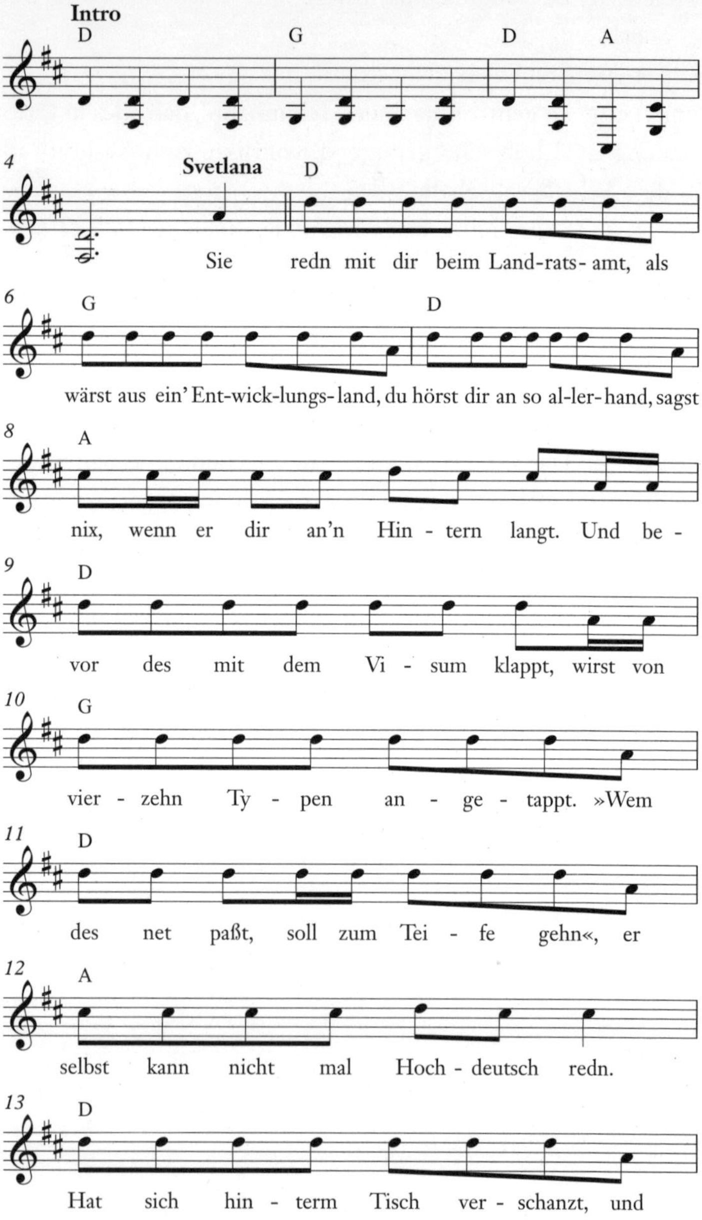

14 G
hofft, daß es kein an - drer spannt,
15 D A D
sitzt da mit sei'm fet-tn Wanst und sagt: Er-zähl mal, was du kannst.
17 D A
Hab ich in Ki-ew in ei-ner Dis-co tanzt, hab ich in
20 A D
Be - la - rus auch mal Kar - tof-feln pflanzt. Hab ich in
22 D A
Wol-go grad in ei-nem Puff be-dient, hab ich in
24 A D
Prze-my-śl ein gan zes Walz-werk g'lenkt. Und drübn im
26 G A
Kau-ka-sus, wie da die Käm-pfe warn, da war ich
28 A D
auch da-bei, da bin ich Pan-zer gfahrn. Und so a
30 G D
Bau-ern-sach, vor de-ra Kam-pn-wand, des mach i
32 A D
ne-ben-bei, so mit der lin-ken Hand. Ich bin ein

34
G
D
Ar-beits-viech, schau her, so bin ich 'baut, des dich, wennst
36
A
D
Chor
net pa-rierst, von da Ha-xn haut. Sie is ein
38
G
D
Ar-beits-viech, schau her, so is sie 'baut, das ihn, wenn er
40
A
D
net pa-riert, von de Ha-xn haut. Sie is ein
42
G
D
Ar-beits-viech, schau her, so is sie 'baut, das ihn, wenn er
44
A
D
Svetlana
net pa-riert, von de Ha-xn haut. Ich hab mit
46
D
A
drei-zehn schon Phi-lo-so-phie stu-diert, da habt's ihr
48
A
D
nicht mal g'wußt, wie man das buch-sta-biert. Ich hab als
50
D
A
Frau mein' Reiz, und ich hab wos im Kreiz, willst du da

52
A
D
nä-her ran, oh, du, dann reiß di zsamm. Und wäh-rend
54
G
D
ihr no schlaft, hob i scho längst wos gschafft, ich weiß, wo-
56
A
D
hin es führt, wenn man sich net rührt. Ich bin ein
58
G
D
wil-des Tier, ich bin sta - bil ge-baut des dich, wenn
60
A
D
Chor
du net schaust, von da Ha - xn haut. Sie is ein
62
G
D
wil-des Tier, sie is sta - bil ge- baut, das ihn, wenn
64
A
D
er nicht schaut, von de Ha - xn haut. Sie is ein
66
G
D
wil-des Tier, sie is sta - bil ge- baut, das ihn, wenn
68
A
A
er nicht schaut, von de Ha - xn haut.

SVETLANA *Prolog rezitiert* Sie redn mit dir beim Landratsamt,
als wärst aus ein' Entwicklungsland,
du hörst dir an so allerhand,
sagst nix, wenn er dir an'n Hintern langt.
Und bevor des mit dem Visum klappt,
wirst von vierzehn Typen angetappt.
»Wem des net paßt, soll zum Teife geh«,
er selbst kann net mal Hochdeutsch redn.
Hat sich hinterm Tisch verschanzt,
und hofft, daß es kein andrer spannt,
sitzt da mit seinm fettn Wanst,
und sagt: Erzähl mal, was du kannst.

Hab ich in Kiew
in einer Disco tanzt,
hab ich in Belarus
auch mal Kartoffeln pflanzt.

Hab ich in Wolgograd
in einem Puff bedient,
hab ich in Przemyśl
ein ganzes Walzwerk g'lenkt.

Und drübn im Kaukasus,
wie da die Kämpfe warn,
da war ich auch dabei,
da bin ich Panzer gfahrn.

Und so a Bauernsach,
vor dera Kampnwand,
des mach i nebenbei,
so mit der linken Hand.

Ich bin ein Arbeitsviech,
schau her, so bin ich 'baut,
des dich, wennst net parierst,
von da Haxn haut.

CHOR Sie is ein Arbeitsviech
Schau her, so is sie 'baut,
das ihn, wenn er net pariert,
von de Haxn haut.

SVETLANA Ich hab mit dreizehn schon
Philosophie studiert,
da habt's ihr nicht mal g'wußt
wie man das buchstabiert.

Ich hab als Frau mein' Reiz,
und ich hab wos im Kreiz,
willst du da näher ran,
oh, du, dann reiß di zsamm.

Und während ihr no schlaft,
hob i scho längst wos gschafft,
ich weiß, wohin es führt,
wenn man sich net rührt.

Ich bin ein wildes Tier,
ich bin stabil gebaut,
des dich, wenn du net schaust,
von da Haxn haut.

CHOR Sie is ein wildes Tier,
sie is stabil gebaut,
das ihn, wenn er nicht schaut,
von de Haxn haut.

15. Pflegestandards II

GERLINDE Oiso, I woaß fei net. Wenn i ganz ehrlich sei derf, Svetlana, i glaab net, daß ma so weitakemman. Ohne ein Minimum an Pflegestandards mog i de Mamma koa Nocht mehr in Eahna Gewalt loßn.

Ankunft Rupert.

SVETLANA Bei Minimum an Pflegestandards hat Pflegepersonal zwei freie Tage in der Woch'.

GERLINDE Aber de Pflegestandards gibt's bei eich doch gornet, und für wos, wos net gibt, gibt's aa koa Freizeit.

SVETLANA Ich muß an Wochenende zu Fortbildung, sonst schaff ich Pflegestandards nie.

GERLINDE Oiso, i muaß fei ganz ehrlich sogn, vom Bauchgefühl her, oiso, i woaß's fei gornet.

SVETLANA Apropos Bauchgefühl, mein Bauch hat Gefühl, ich brauch Auszeit.

GERLINDE Wos, Sie a Auszeit? Warum denn des?

SVETLANA Sonst krieg ich Burn-out.

GERLINDE Wo hot de denn diese Sachan her? I moan, eine arme weißrussische Stallmagd, wia kimmt denn de zu so einer Wolford-Ausrüstung? – Wo host'n du des Zeig her?

SVETLANA Von Arbeit.

GERLINDE Wos is denn des für a Arbat, wo ma Wolford-Zeig oziahng muaß?

SVETLANA Wos?

GERLINDE Siehgst, iatz vasteht's wieder nix. – Hast du in einer Bar g'arbat?

SVETLANA War von Chef. Chef Vertreter von kleine Sachen, Bankarotta, kein Geld. Hab ich genommen kleine Sachen von Frau.

GERLINDE Ah do schau her. Dacheln *[klauen]* tuat's aa no.

SVETLANA Was soll ich anziehen?

RUPERT Des weiße.

SVETLANA Weiße Kleid? Schau ich aus wie Torte.

GERLINDE Bißl kurz is's hoit.

SVETLANA Wenig Stoff, wenig waschen.

GERLINDE Ja, langt scho wieder. Hob's scho gsehng.

RUPERT Loß de net drausbringa. – Drah de moi um.

SVETLANA Wos wuist?

GERLINDE Nix Gescheits. Ziahg de wieder o. Der hot ja bloß Krampf im Kopf. – Wos wuist du denn überhaupt do?

RUPERT Du, de braucht aa a bißl Auslauf. Die Pflegekräfte miaßn von Zeit zu Zeit selber gepflegt werdn, sonst sans dene Belastungen auf die Dauer net gewachsn.

GERLINDE Wos wuist denn du mit dera? De konn doch kaam a Wort Deitsch, und ohobn tuat's aa fast nix. Aba i woaß's scho, wenn oane so daherkimmt, is de Grammatik nimmer so wichtig.

RUPERT De muaß amoi wos anders sehng, bloß mit da Muatta, do werst ja narrisch.

GERLINDE Aber ihr kinnt's doch iatz net einfach obhaun. I moan, bitte, heit is Freitog. I bin völlig fertig von dera Woch, es is net putzt und nix, i moan, wia soit i des schaffa?

SVETLANA Net putzt? Na freilich hab ich putzt.

GERLINDE Du hast *dich* geputzt, aba do herin schaut's aus wia in de Karpatn.

RUPERT Ruaf dein Mo o. Der is doch im Sabbatical. Er bringt bißl wos zum Essen mit, und dann macht's eich an scheena Abend mit da Mamma.

GERLINDE Sunst kimmt er Johr und Tog net hoam, aber seit de auf'm Hof is … – Mit dera fangst ma fei nix o!

RUPERT Bin i minderjährig oder wia?

16. Wenn des Wetter guat is …

29 F B♭ C
Ma - dln mia - ßn sitt-sam sei, sunst schmeißt ma se glei
32 F F B♭ C
naus. De Bua-ma ziahng se grais-lich o, so wia de letz-tn
36 F F B♭ C
Dep- pn. Un-sa- oans, wenn so-wos taat, hoa-ßat's glei: schau's o, de
40 F F B♭ C
Schne- pfn! Die Män-ner sau-fen, fres- sen und kriagn a Rie-sen-
44 F F B♭ B♭
wam - pn. Un - sa oans muaß schlank sei, sunst hoaßt's:
47 C F F B♭
fet - te, oi - de Schlam- pn. Heit is ol - les gleich va- teilt,
51 C F F B♭
so taat ma den- ka, doch wenn's kri-tisch werd, dann bleibt es doch
55 C F F B♭
an de Ma-dln hän- ga. Da Sohn hejft in da Küch, ja-woi, und
59 C F F
wenn's eahm paßt, dann kocht er, doch wenn d'Mua-tta moi ins
62 B♭ B♭ C F
Bett nei- scheißt, hoaßt's glei: wo bleibt die Toch- ter?

GERLINDE Wenn des Wetter guat is und die Wohnung putzt
und de Vorhäng gwaschn san,
wenn da Garten gmacht und des Unkraut zupft,
und de Knecht de Wiesn mahn.
Wenn de Mille g'rührt und de Kiewe *[Kübel]* putzt
und da Mist is aufm Karrn
und des Essen fertig auf dem Tisch,
siehgst an Bua zum Haus herfahrn.

Die Männer kriagn de beste Arbat, des gräßste Trumm vom Brotn,
de Töchter ramman hintn noch und meistns no dahoam.
De Buama treibn es, wia sie's woin, und jeder sogt, es paßt.
De Madln miaßn sittsam sei, sunst schmeißt ma se glei naus.
De Buama ziahng se graislich o, so wia de letztn Deppn.
Unsaoans, wenn sowos taat, hoaßat's glei:
schau's o, de Schnepfn!
Die Männer saufen, fressen und kriagn a Riesnwampn,
unsaoans muaß schlank sei, sunst hoaßt's: fette, oide Schlampn.

Heit is olles gleich vateilt, so taat ma denka,
doch wenn's kritisch werd, dann bleibt es doch
an de Madln hänga.
Da Sohn hejft in da Küch, jawoi,
und wenn's eahm paßt, dann kocht er,
doch wenn d'Muatta moi ins Bett neischeißt,
hoaßt's glei: wo bleibt die Tochter?

17. Gschlampert

GERLINDE Hoffntlich paßt a auf.

MUTTER Aufpassn, aufpassn.

GERLINDE Ja, i moan scho, daß er bei dera obachtgebn soi.

MUTTER Aufpassn, opassn, hipassn, neipassn.

GERLINDE Bei dene Weiber is schnej wos passiert.

MUTTER Bist du mei Mamma?

GERLINDE Wennst ois Mo bei so oana net ganz scharf aufpaßt, de san schneller schwanger, wias'd schaust.

MUTTER Hilfe! Polizei! I dastick!

GERLINDE Dir konn des freilich wurscht sei, du kriagst as ja nimma mit, aber wenn de a Kind kriagt, net zum Ausdenka.

MUTTER Na, miaßn hoit zwoa gwindlt werdn.

GERLINDE Net zum Ausdenka, wenn de vom Rupert an Bamsn kriagt.

MUTTER Besser von dera ois wia von ana Industrieschnepfn.

GERLINDE Schnepfn? Des san ordentliche Frauen mit an gscheitn Beruf.

MUTTER Und menz wiara oide Suppnkuah.

GERLINDE Für di geht's ja bloß ums Aufnehma. Aufnehma, aufnehma. Mir san doch nimma beim Reichsgebärstand. Mit de Frauen aus da Firma konn er sich scho sehng lossn. De ham wenigstens a Ausbildung.

MUTTER Zum Urlaub fahrn. Aber aufnehma tan's net, weil nix wia umanandagrennt werd, und wenn se dann moi a Kind neisetzt bei so oana, ausnahmsweis, weil's grod auf Wellness san, dann beitlt's es a poor Tog später wieder außa, weil's an jedn Embryo bei dera Stelzerei mit de Stöcklschuah speibertsschlecht werd. – Solang's Kinda kriagn kanntn, rennan's am Geld hint' noch, und wenn's nimmer geht, woin's plötzlich oans. Aber dann is's z'spät, und dann rennan's zum Therapeuten.

GERLINDE Jetzt übertreib doch net so grausig.

MUTTER Mia is de Svetlana beim Osch liaba wia so a boanige Industriehehna beim Gsicht.

GERLINDE Wia schautn des aus, da junge Weichsenrieder mit da Altenpflegerin von seina Muatta. Beim oana hoaßt's Ivanka, beim andern Svetlana, und dann woaß ma ja net amoi, kimmt's aus da Ukraine oder aus Moldawien oder von sunst wo do hint'.

MUTTER Du bist hoit a Lehrerin.

GERLINDE Lehrerin her oder hi, i mog koane gschlampertn Verhältnisse.

MUTTER Da Hof is gschlampat, i bin gschlampat,
de Kiah und drauß des Gros is gschlampat,
da Bua is gschlampert, seine Weiba,
wichtig is's, daß's weitergeht.

GERLINDE Ja wunderbar. Z'bled, daß's an deitschn Satz rausbringan, aber zum Kinda kriagn g'langts.

18. Hunde in der Nacht. Klage in g-Moll

7
drübn im Dorf, do bellt a Hund, der Mond, der derf va-schwin-dn, der
9
Hund liegt an da Ket - tn. Der
11
Hund, der so weit weg do bellt, ob der dem an-dern wos va-zählt,
13
D Gm
von a’m Hunds-weib, von a’m Boa, waarn se net so ganz al - loa.
15
Die Räu-ber, sie san flink und stumm, und
17
je de Nocht bringt wer wen um, a Vo gl kreischt, dann is er stumm, a
19
D Gm
schril-ler Schrei, scho is es rum. Da
21
oa - ne von de Kö - ter heult den Mond o,

23
Hund, sei staad, der Mond konn nix da - für.
25
Je - des Viech va - tei - digt sei kloans Sa - che,
27
D
Gm
win-sel und bleib hin-ta dei-ner Tür. Da
30
Mensch, der braucht sei Ruah, sperrt ganz fest sei Hüt-tn zua, doch
32
D
Gm
so staad, daß ma gor-nix härt, is's nur tiaf drun-tn in da Erd.
35
Stimme
Mutter
Sog, wa-rum redst du mit dir? Red't ja sunst koa Mensch mit mir, und
37
D
wenn gor-nia wer mit dir red't, werst zerscht stumm und spä - ter
39
bläd. Drent im Dorf, do bellt a Hund,

MUTTER Manchmoi in da Nacht,
i lieg im Bett, no wach,
weit weg hört ma a Auto fahrn,
und dann is's wieder staad.

Am Himme steht da hoibe Mond,
drübn im Dorf, do bellt a Hund,
der Mond, der derf vaschwindn,
der Hund liegt an da Kettn.

Der Hund, der so weit weg do bellt,
ob der dem andern wos vazählt?
Von a'm Hundsweib, von a'm Boa,
waarn se net so ganz alloa.

De Räuber, sie san flink und stumm,
und jede Nocht bringt wer wen um,
a Vogl kreischt, dann is er stumm.
a schriller Schrei, scho is es rum.

Da oane von de Köter heult den Mond o,
Hund, sei staad, der Mond konn nix dafür.
Jedes Viech vateidigt sei kloans Sache,
winsel und bleib hinta deiner Tür.

Da Mensch, der braucht sei Ruah,
sperrt ganz fest sei Hüttn zua,
doch so staad, daß ma gornix härt,
is's nur tiaf druntn in da Erd.

STIMME Sog, warum redst du mit dir?
MUTTER Red't ja sunst koa Mensch mit mir,
und wenn gornia wer mit dir red't,
werst zerscht stumm und später bläd.

Drent im Dorf, do bellt a Hund,
durch de Baam, do geht da Wind,
und manchmoi, wenn's ganz staad is, bringt
der Wind ein Wimmern wiara Kind.

Pause

19. Da varreckte Hof

37
C
grod vor poor Mi- nu - tn hob i's no gsehng.
41
Steht's doch net so dep-pert rum, helft ma koa - na schaun?
45
F
Ir-gend-wo do san's doch ges - tern ge - legn.
49
F
Denkt's a bi - ßl mit, viel-leicht foit eich no wos ei.
53
C
Tua ma doch an Gfoin und steh du moi auf! Du
57
huckst do gmiat-lich rum, und i hob de Het - ze - rei. Do
61
F
san se doch, ja merkst du net, du sitzt drauf? I
65
B♭
F
renn so dep-pert rum wia ein va - seng - tes Schof. Der
69
C
F
bringt me no-moi um, die - ser var - reck - te Hof. I

73
B♭ F
bin so durch-a-nand wia a var - zeck - tes Schof.
77
C F
Ir-gend-wann, do brich i zsamm, auf dem var-reck-ten Hof.
81
B♭ F
Der Chef sogt zu mir: Schnap-per, sind Sie doof? Wos
86
C F B♭
bringt Ih-nen die-ser var-reck-te Hof? I laaf so stin-kat rum
91
F C
wie ein ver-dreck-tes Schaf, koa Wun-der bei dem Le-bn
95
F B♭
auf dem var - reck - ten Hof. Es kost mi scho seit Wo-cha
99
F C
wirk-lich den letz-ten Schlaf, da Tei-fe soit' n hoin, die-sen va-
104
F B♭
reck - ten Hof. Es kost mi scho seit Wo-cha wirk-lich den
108
F C F
letz-ten Schlaf, da Tei-fe soit' n hoin, die-sen va - reck-ten Hof.

Ländler. – Eile in der Stube. Der Sohn hetzt herum.

RUPERT Tua doch bißl zua, merkst net, de Zeit wird knapp,
spätestens um siebne muaß i fei weg.

Host du mir des ganze Zeig, wos i brauch, eipackt?
Wo san de Schlüssl? Hot ma de wer vasteckt?

Sakrakruzetürkn, irgendwo miaßn's sei,
grod vor poor Minutn hob i's no gsehng.

Steht's doch net so deppert rum, helft ma koana schaun?
Irgndwo do san's doch gestern gelegn.

Denkt's a bißl mit, vielleicht foit eich no wos ei.
Tua ma doch an Gfoin und steh du moi auf!

Du huckst do gmiatlich rum und i hob de Hetzerei.
Do san se doch, ja merkst du net, du sitzt drauf?

I renn so deppert rum wi a vasengtes Schof.
Der bringt me nomoi um, dieser varreckte Hof.

I bin so durchanand wia ein varzecktes Schof.
Irgendwann, do brich i zsamm, auf dem varreckten Hof.

Der Chef sogt zu mir: Schnapper, sind Sie doof?
Wos bringt Ihnen dieser varreckte Hof?

I laaf so stinkat rum wie ein verdrecktes Schof,
koa Wunder bei dem Lebn auf dem varreckten Hof.

Es kost mi scho seit Wocha wirklich den letzten Schlaf,
da Teife soit'n hoin, diesen varreckten Hof.

20. A gscheits Weib

MUTTER Werd Zeit, daß a a gscheits Weib zuawabringt.

SVETLANA Wie gscheit? Mit Abitur?

MUTTER Naa, oane, de gscheit hilangt.

SVETLANA Wo?

MUTTER In da Kammer. Des brauchan's, de Männer, sunst bleibn's net beim Sach *[beim Hof]*.

SVETLANA Wos?

MUTTER Sunst grosn's naus, sunst kemman's leicht aufn foischn Acker. Sunst vafahrn se se geingst amoi. Vastehst me? Sunst mahn's fremde Wiesn.

SVETLANA Sunst gehen's auf de falsche Goaß.

MUTTER Sie vasteht mehra, wia's oiwei tuat. Ois vastehst, geij!? Ja, du waarst de Richtige. So Gwachs wia du hot uns no gfehlt do herin.

SVETLANA Hat er Frau?

MUTTER Du moanst, ob a vaheirat' is? Naa, naa. Probiert hättn's scho a poor, aba er is hoit a Bauernbua: Solang koa Kind aufm Weg is, werd aa net gheirat't.

Gerlinde und Günter treffen ein.

GERLINDE Griaß eich! – Mamma, wia geht's da denn ollawei?

MUTTER Oiwei geht's net, hot er gsogt, da oid Mühlfellner, aba wenn's geht, dann paßt's.

GERLINDE Mamma, da Günter muaß mit da Ivanka ins Amt, ihr Aufenthaltsgenehmigung muaß valängert werdn.

MUTTER Scho wieder?

GERLINDE Denkn's Eahna nix, Svetlana. Sie vergißt vui in letzter Zeit. – Oiso, pfiat eich. Günter, wann kemmt's'n wieda?

GÜNTER Du, des kimmt drauf o, wos für a Andrang is.

MUTTER Andrang, an Drang. Drang-Drang. Außedränga, ummedränga, zuawa-, eine-, auffedränga.

GERLINDE Mamma, bitte! I muaß me aufs Kocha konzentriern.

GERLINDE Wo isn de Reibn? Wo hot's'n bloß wieda de Bluatsreibn hi? I wer' no narrisch. Er is mit'n Auto furt, und i sitz aufm Hof fest.

MUTTER Hof fest, Hoffest, a Hoffest? Hamma scho lang nimma ghabt.

GERLINDE Trinken, Mamma, trinken! Wo hostn de Kartoffelreibn hi? Do, du muaßt mehra tringa. – Er is mit da Ukrainerin in de Stodt, und i soit Knedl macha und find' de Reibn net.

21. Wenn i mei Küch net hob …

11 C F
Küch net hob, du, dann paß auf. Und wenn mei
13 B♭ F
Mi-xer net do steht, do, wo-ra steh soi, und wenn mei
15 C F
Kaf-fee net so schmeckt, wia i eahm mog, dann kon-ne
17 B♭ F
pel-zig werdn, des taatst von mir net glaabn, du, dann wer' i
19 C
him-me-sa-kra-höl-len-tei-fe-mist-drecks-lua-da-schin-da-mat-zn-
21
sa-kra-kon-ni-mi-do-är-gern-zrei-ßn-tuats-me-glei-vor-Wuat-so-
23 F Chor B♭
ma-le-fit-zn-wuid. Wenn sie ihr Küch net hot, dann wird sie
26 F C
da-misch, wenn sie ihr Küch net hot, dann wird sie
28 F Gerlinde B♭
bäs. Und wenn mei Gschirr net do is, wo es ein-fach

30
F
C
sei muaß, wenn die Ge - wür - ze ganz wo - an - ders san wia
32
F
B♭
F
Chor
sonst. Wenn i mei Küch net hob, dann werd i da- misch, wenn sie ihr
35
C
F
Küch net hot, dann werd es eng.
37
Dm
Dm
A
A-nan-kas-ti-sche Zwi-der-wur-zn!
39
Dm
A
Hy-po-chon-dri-sche Leh-rer-zuch-tl!
41
Dm
Dm
A
Zwangs-neu-ro-ti-scher Haus-hoits-be-sn!
43
Dm
A
E - so - te - ri - sche Kern-dl-hen- na!
45
Dm
Oi - de, ver - rat - schte Mil - li - bit - schn.
46
Mutter
A
Härt's net glei zum Strei-ten auf, es langt.

48 Gerlinde
B♭
Und wenn des Bsteck net sau-ber drin-liegt in da
50 F C
Schub-lodn, wenn wer des Gschirr-tuach nimmt und trick-at se de
52 F B♭
Händ, wenn wer wos au-ßa-raamt und dann net wie-da
54 F C
nei-tuat, ja du, do kon-ne mi so är-gern, daß's me
56 F C
bei-nah zreißt vor Wuat, do wer i so fuchs-tei-fes-wuid, do bin i
58
wia-ra wui-des Viech, und konn für gar-nix, naa, für nix mehr ga-ran-
60 F Chor B♭
tiern. Wenn sie ihr Küch net hot, dann wird sie
62 F C
da-misch, wenn sie ihr Küch net hot, dann wird sie
64 F Gerlinde B♭
bäs. Und wenn de Oar net von dem Bau-ern aus Leng-

GERLINDE Wenn i mei Küch net hob, dann werd i narrisch,
wenn i mei Küch net hob, dann werd i bäs.
Und wenn mei Zeig net ganz genau do is, wo's highärt,
wenn i mei Küch net hob, du, dann paß auf.
Und wenn mei Mixer net do steht, do, wora steh soi,
und wenn mei Kaffee net so schmeckt, wia i eahm mog,
dann konne pelzig werdn, des taatst von mir net glaabn, du,
dann wer' i himmesakrahöllenteifemistdrecksluadaschinda-
matzn
sakrakonnimidoärgernzreißntuatsmegleivorWuatsomale-
fitznwuid.

CHOR Wenn sie ihr Küch net hot, dann wird sie damisch,
wenn sie ihr Küch net hot, dann wird sie bäs.

GERLINDE Und wenn mei Gschirr net do is, wo es einfach sei
muaß,
wenn die Gewürze ganz woanders san wia sonst.
Wenn i mei Küch net hob, dann wird i damisch,
CHOR wenn sie ihr Küch net hot, dann werd es eng.

Anankastische Zwiderwurzn!
Hypochondrische Lehrerzuchtl!
Zwangsneurotischer Haushoitsbesn!
Esoterische Kerndlhenna!
Oide, verratschte Millibitschn!

MUTTER Härt's net glei zum Streiten auf, es langt.

GERLINDE Und wenn des Bsteck net sauber drinliegt in da Schublodn,
wenn wer des Gschirrtuach nimmt und trickat se de Händ,
wenn wer wos außaraamt und dann net wieda neituat,
ja du, do konne mi so ärgern, daß's me beinah zreißt vor Wuat,
da werd i so fuchsteifeswuid, do bin i wiara wuides Viech,
und konn für garnix, naa, für nix mehr garantiern.

CHOR Wenn sie ihr Küch net hot, dann wird sie damisch,
wenn sie ihr Küch net hot, dann wird sie bäs.

GERLINDE Und wenn de Oar *[Eier]* net von dem Bauern aus Lenggrias san,
und wenn de Pfanna net do san, wo i sie suach.

MUTTER Und wenn des Hirn so zua is, daß nix anders neigeht,
dann werd a andre Küche glei moi zum Problem.

22. Uralte Muster

MUTTER Babba! Wo is'n da Babba? Da Babba konn doch sei kloans Dirndl net alloa do herin sitzn lossn. Babba! Die kloans Madl braucht an Kaffää. – Ja, wer bist'n iatz du?

GERLINDE Da Babba is doch scho lang gstorbn. Du bist die Mamma und i bin dei Kind.

MUTTER Du bist a ausgwachsns Weib. Du bist doch Lehrerin, mogst du koane Kinder?

GERLINDE Mamma, bitte, des san doch alles uralte Muster. I hob rein grundsätzlich nix gegen Kinder, aber mir langt's, wenn i's in da Schui hob. Selber im Haus muaß i's net aa no hobn.

MUTTER Und dei Mo? Mog der koane?

GERLINDE Du, der Günter betrachtet des mehr von am übergeordneten Standpunkt aus, und do hot er seine Bedenken.

MUTTER Wos der net ois hot.

GERLINDE Er sogt, prinzipiell find't er Kinder gut, aber die Erde is so übervölkert.

MUTTER Oiso, auf *dem* Hof waar scho no a weng Plotz.

GERLINDE Außerdem sogt er: Nur moi angenommen, es waarn Kinder im Haus, wo bleibt denn dann sei Lebensqualität?

MUTTER Koana siehgt wos, koana tuat wos, jeder loßt de Arbat liegn. Koana härt wos, jeder plärrt wos, neamad helft am Hof.

GERLINDE Noch dem Sabbatical geht er auf die FH und dann macht a sein Dokta.

MUTTER Konn ma der dann sogn, warum mir des Kreiz so weh tuat?

GERLINDE Naa, an Dokta in Verwaltungswissenschaft. Aber des hebt eahm auf a ganz anderes Level.

MUTTER Wo ziahgt's ihr hi?

GERLINDE Naa, mir bleibn scho in Unterzeismering, aber auf ana anderen mentalen Ebene.

MUTTER Wos Kloanes, wos im Haus rumrennt und plärrt und werkt und spuit.

GERLINDE Wia lang san de zwoa iatz eigentlich scho furt? Der werd se doch mit dera, naa, sowos tuat der net.

MUTTER Wengan Datenschutz.

GERLINDE Derf a ja gornet, scho rein beamtenrechtlich.

23. Varreckt

Rezitativ, Akkordsymbole in Klammern

MUTTER [Em]
Varreckt, da ganze Hof varreckt,
[Em]
jeder hot des Roasate *[das Rasende/Reisende]*,
[Em]
sie rennan rum, da Hof vakimmt,
[H]
da Pfluag varrost' und s'Lebn varrinnt.
[Em]
Da Bua, weil a koa Frau herbringt,
[Em]
des Dirndl, weil's bloß Blädsinn redt,
[Em]
de oanzige, de no wos tuat,
[H]   [Em]
is sie, und de vasteht mi net.

24. Da Krah

GERLINDE Host des ghärt? – I glaab, iatz kemman's.

RUPERT So, griaß eich beianand. Gej, Mamma, bei dir is oiwei da Teife los. Ja, Norbert Günter, habe die Ehre, i hob ma denkt, du bist beim Naturschutz. Do schau her. – Mamma, do konnst de aber net beschwern, oiwei gnuag Gsellschaft aufm Hof.

MUTTER Aba wos für oane. – Wer bistn du?

GERLINDE Ja wunderbar, dann derf ma uns ja glei verabschieden.

SVETLANA Kein Kaffee mehr?

GÜNTER Wiavui hamma's denn? Oha, schon fünfe? Um fünfe no an Kaffee? Nein du, danke, oiso echt, des is total nett, aber naa du, des werd ma zu spät, um de Zeit derf i koan Kaffee mehr trinka.

MUTTER Sunst soachta ins Bett, da Zipfeklatscher, da Hosnbrunzer, da vabieslte.

GERLINDE So, i glaab, mir fahrn jetzt.

MUTTER Warst auf ana Beerdigung?

Rupert trägt einen dunklen Anzug.

MUTTER Habts ebba wem eigrobn?

RUPERT Mamma, so san mir bei da Arbat oiwei ozogn.

MUTTER Wos isn des füra Arbat, wo ma ozogn is wia zu ana Beerdigung?

RUPERT Mamma, mir entwickeln softwaregestützte Systeme für innovative Mobilitätskonzepte – darum geht's.

MUTTER Aber ausschaun tuast wia da Toatntandler. Hättst wos Gescheits glernt, dann miaßatst net umanandhausiern wia da Boandlkramer vom Leichenhandel.

RUPERT Unser Firma hot dreimoi sovui Wertschöpfung wia de gesamte boarische Landwirtschaft, so schaut's aus. – Oh, iatz is, glaab i, wos ins Bett ganga. – Svetlana! Svetlana, kimmst du amoi, bei der Mamma miaßat wos gmacht werdn.

SVETLANA Ist deine Mutter oder meine?

RUPERT Mei Muatta, aber dei Arbat.

SVETLANA Meine Arbeit und dein Vergnügen.

RUPERT Ah kimm, iatz tua net so. Es war doch owei ganz lustig.

SVETLANA Für wen?

RUPERT Oiso kimm, a bißl Party, des hot no nia wem gschod't.

SVETLANA Ich hab genug Pahdie ghabt in mein' Leben. – Warum hast du eigentlich die Koffer dabei, machst du Ferien auf'm Bauernhof?

RUPERT Du, i hob no bißl Urlaub vom letzten Johr, desweng hob i ma denkt, fahrst moi poor Wocha hoam.

SVETLANA So lang?

RUPERT Du, des war, wia gsogt, Resturlaub plus Überstundenausgleich.

SVETLANA Überstundenausgleich bei Manager, gibt's das in Deitschland?

RUPERT Normal net, aber ...

SVETLANA Sie haben dich rausgeschmissen.

MUTTER Aussegschissn.

RUPERT Naa, naa, so taat i des iatz net sogn.

SVETLANA Wie sogt man's denn?

RUPERT Du, die Firma muß sich fit macha für neue Herausforderungen. De ganze Company werd nei aufgstellt, schlankere Strukturen usw., und im Zuge dessen werdn hoit manche Mitarbeiter frei für andere Aufgaben.

SVETLANA Sie ham dich wegrationalisiert.

RUPERT Du, des is doch ganz normal. I moan, i war eh scho lang dabei, und irgendwann langt's dann ja aa.

SVETLANA Wie lang is bei dir »lang«?

RUPERT Du, des waarn iatz aa scho fast wieder fünf Johr. Aber, paßt scho. De Abfindung is guat, i hob Zeit zum Durchschnaufa, vastehst, des Pendl durchschwingen lassen, und konn mi auf neue Herausforderungen konzentrieren. I find des irgndwie ganz guat.

SVETLANA Was is los mit euch? Der eine braucht Sabbatjahr, die andere Auszeit, du brauchst Zeit zum Durchschnaufen, ist das so anstrengend, was ihr macht, oder ist die Arbeit so beschissen oder vertragt's ihr alle nix mehr?

RUPERT Naa, Moment, do host du jetzt wos in den falschen Hals kriagt. Natürlich werd a gewisse Flexibilität valangt. Des bietet mir aber andererseits die Chance, mi wieder nei zum Erfindn.

MUTTER Nei erfindn. Pfui Teife.

RUPERT I moan, du kennst des ja net, aber de Industrie, des hot scho wos. Oa Meeting nochm andern, raus ausm Fliaga, nei in den nächsten, von oam Airport zum andern. I hob oft gor nimma gwußt, wo ma eigntlich san, oiso, des war scho klasse.

MUTTER Mir gangagst.

RUPERT Oiso, nur ein Beispiel, Messe in Düsseldorf, des Hyatt Regency, Jahrestagung von da Dings AG, eine Riesennummer, übaroi da Bär los, eine Riesenschlang an da Rezeption, olle japsen, weil's koane Zimmer mehr gibt, dann gehst du ganz straight zum Counter, ziahgst du dei Premium Card raus und de andern olle: Ööö?! Do reißen's de Augn auf, aber du mit dera Card, alles klar: Welcome to Hyatt Executive Lounge, hier sind ihre Schlüssel! – Vastehst, wos i moan? Wenn du die Premium-Senator-Goldcard in Platin aufn Tisch legst, dann woaß jedes Schlitzauge in der hinteren Mongolei, was Sache is.

SVETLANA Die Schlitzaugen wissen immer, was Sache is.

RUPERT Oiso.

SVETLANA Glaubst du das eigentlich alles selbst, oder hoffst du nur, daß es wer anderer glaubt?

RUPERT Oiso, des hätte ma von dir iatz fei net denkt.

SVETLANA Hast g'meint, ich bin die analphabetische Unschuld von Belarus?

MUTTER Ah, de konn a hantigs Luada sei.

RUPERT Du, i woaß net, ob i des ois aufgebn wui, Canyoning, Raften, Bouldern, meine Bonusmeilen, verstehst? I moan, mei ganze Freiheit, warum soit i des aufgebn?

SVETLANA Freiheit? Du rennst wie Ratz in Hamsterrad, und wenn du Plan nicht schaffst, wirst du freigegeben.

RUPERT Freigesetzt!

MUTTER Stoistiefe oziahng und arbatn! Glache, nixnutziger.

SVETLANA Sei froh. Jetzt kannst schon aufm Hof bleiben, machst dein eigenen Zeigl und brauchst net buckeln.

RUPERT Do fangt des Buckeln ja erscht richtig o.

SVETLANA Aber da buckelst für dich selbst und nicht für Kombinat.

RUPERT Schod is's trotzdem.

SVETLANA Schod um wos? Schad um blauen Anzug? Hier hast auch blauen Anzug. Is sogar besser, brauchst du nicht reinigen. Schmeißt du einfach in Miele.

RUPERT Wos für Miehle moanst du, die Getreide- oder die Knochenmiehle?

SVETLANA Was soll? Gestern is vorbei und morgen kriegn ma schon hin.

RUPERT Grod iatzt, wo i ganz kurz vor dem Level war, wo i mein eigenen Coach kriagt hätt.

SVETLANA Ich bin dein Coach. Ich manage Hof. Komm, mach bißl Landwirtschaft mit mir. Wie Eva und Adam.

RUPERT Adam und Eva.

SVETLANA Von mir aus.

RUPERT Vor der Vertreibung aus'm Paradies oder nachher?

SVETLANA Mal so und mal so. Wie Mensch immer gelebt hat: Pflügen, Säen, Ernten, Hühner im Hof und Gänse auf dem

Teich. Geräte in Schuppen und Vorräte für die kalte Jahreszeit.

MUTTER Und Kinder.

RUPERT Und wo bin i? I moan, ois recht und guat, aber wo komm i denn da vor? I moan, kimm i do überhaupt no vor?

SVETLANA Du bist Adam.

RUPERT Und du?

SVETLANA Ich schau, daß was wächst.

RUPERT I moan, du schlogst ma do eine Perspektive vor, wo i Herrgotts in da Friah aufsteh muaß und den ganzn Tog im stinkatn Stoigwand schinackln derf wiara Strafgefangana, …

MUTTER Des Stoigwand mog a net, aber der Beerdigungsanzug taugt eahm.

RUPERT … und dafür gib i Karrierechancen auf, bei dene i des Mehrfache vadien, wo i ma koan Finga dreckat macha muaß und jeden Tog a sauberes Hemd oziahng konn.

SVETLANA Sauberes Hemd und dreckate Finger.

RUPERT I moan, muaße ma des sogn loß? Du kimmst aus irgndana Krattlergegend, wo's hinterm Haus in a Gruabn scheißn und s'Wasser no mitn Kiewe ausm Boden ziahng, und du wuist mir weismacha, daß unser Industrie nix taugt. Ohne unsa Know-how hättst du mitn Ochsnkarrn aus da Walachei do herfahrn miaßn. Des muaße ma doch net ohärn. I moan, konn' ma irgndwer an Grund sogn, warum i mir sowos ohärn muaß?

SVETLANA Weil ich mehr zu bieten hab als Premium Card in Platin. Überleg dir, was du machst, sonst wirst du von mir freigesetzt, ohne Abfindung.

RUPERT Guat. Aber selbst, wenn i dei Szenario mitdenk, vastehst, dann muaß i mi trotzdem totbuckln.

SVETLANA Was willst denn? Weißt du überhaupt, was du willst?

RUPERT I mecht a Arbat, wo i net sovui Arbat hob.

SVETLANA Wos is los mit euch? Der, dem der Hof ghört, hat keine Stelle, der, wo Stelle hat, hat kein' Hof. Die auf dem Hof ist, darf arbeiten, aber nicht bleibn. Der, den sie mag, möcht nicht mit ihr, und den, der mit ihr möcht, mag sie nicht. Sie muß schuften wie ein Viech und kriegt nicht mal Aufenthaltsgenehmigung. Eine nette Wirtschaft. Steigts mir an Buckel!

MUTTER Siehgst den Krah do aufm Doch?
Oh, der schaut da bäs hintnoch,
krachezt kratzert vor sich hi,
siehgst, der wart' auf di.

RUPERT Vielleicht soit i moi in a ganz andere Richtung denka. I moan, wenn i eine knallharte Finanzanalyse mach, dann san unsere main assets doch in allererster Linie de Baugründ'. Des san unsare core values.

SVETLANA Koa wos?

RUPERT Vom Cashflow her samma net so guat aufgstellt, aber in puncto Real Estate samma stark. Weiden, Ackerfläche, des konnst ois vagessn. Des macht bloß Arbat und bringt nix. Mia miaßn nüchtern sei: Immobilien vawertn, des is die Marschrichtung.

MUTTER Da Marsch geht in'n Arsch.

RUPERT I vakaaf a poor Baugründe und mit dem, wos i beim Vakauf reikriag, finanzier i auf de restlichen Gründe Mietwohnungen, und dann werd in Urlaub gfahrn.

MUTTER Wos buidst da du denn iebahaupts ei? Du arwatst wos Gscheits, so wia mir friahra aa. – Er taat mir meine Gründ' vakaffa, da Rotzlöffe, ja soweit taats grod no kemma.

RUPERT Manchmoi is's ganz klar, gej?

MUTTER Ziahg da s'Stoigwand o und geh ausmistn.

RUPERT Iatz här ma doch zerscht amoi zua. Loß uns des Projekt moi in a völlig andere Richtung denka. I taat des Ganze innovativ ogeh, wenn's ihr mi vasteht's, mit intelligente Finanzkonzepte.

MUTTER Wos ham's'n mit dem gmacht in Minga?

SVETLANA Wenn Konzept intelligent is, is gut. Aber noch besser is, wenn du selber intelligent bist. – Also, ich muß raus zu die Wiederkäuer.

MUTTER Triab schaust ma drei, ganz triab.

RUPERT Wos du owei siehgst.

MUTTER Naa, du gfoist ma gornet. Host geingst schlecht gschlaffa, oder hot's di auf Diät gsetzt?

RUPERT Weil du sowos siehgst.

MUTTER Koa Arbat mehr und koa Fleisch, des konn oan gscheit neitaucha.

RUPERT So wichtig is's iatz aa wieda net.

MUTTER Wer woaß, ob s'd a so oane noamoi kriagst.

RUPERT Ah, Weiba gibt's gnua.

MUTTER Jaja, aba wos für oa hoit. Mit dera taat hoit wos weitergeh am Hof.

RUPERT Samma scho wieder in dem oidn Muster.

MUTTER Woaßt wos Bessers?

RUPERT Bei so oana woaßt hoit nia, wos auf Dauer draus werd.

MUTTER Des woaßt nia. Aba des is wenigstns a Weib. De is gsund.

RUPERT I woaß net, irgndwia is ma des ois z'gaach *[heftig, jäh]*. I glaab, i bin no net soweit.

MUTTER Ja freilich, so pressant is's ja no net. Is ja erscht im vierten Monat.

RUPERT Wos sogst du? Schwanger is sie?

MUTTER Sogn tuat se's.

RUPERT Des muaß's obtreibn.

MUTTER Nix werd obtriebn.

RUPERT Logisch, des is de oanzige Lösung. De konn doch koa Kind kriagn.

MUTTER Oiso, so wia's dosteht, glaab i scho.

RUPERT Unmöglich, Mamma, des zastört ma mei gesamte Lebensplanung. Wia schaut'n des aus, wenn da junge Weichsnrieder von ana Ukrainerin a Kind kriagt.

MUTTER Sei froh, daß's oans kriagt von dir.

RUPERT Ja Moment amoi, is's übahaapt von mir?

MUTTER Wos woaß i? Loßt me ja koana zuaschaun.

RUPERT Entweder sie treibt ob, oder i kriag a genetisches Gutachten, sunst red i gornet drüber.

MUTTER Du tuast ja grod, ois ob's um an Thronfolger von England geh taat. Es geht um an Hof, do brauchst koan Gutachter, sondern a gescheits Weib.

RUPERT I woaß net, des is ma ois irgndwia zu biologistisch. I bin in ana kritischn Phase meiner Existenz, vastehst, i hob gnuag am Hois, do loß i ma doch koa Kind aufhänga. De hot me reiglegt, und du helfst ihr aa no. Entweder sie loßt's obtreibn, oder i bin dahi.

MUTTER Dann überschreib i den Hof ihram Kind, und dann konnst mit dein' Arbatslosngeld in an Hosnstoi ziahng und schaun, wer da a Ruabn gibt.

GERLINDE I hätt aa gern oans. Seit Jahren benz i an eahm hi: i hätt aa gern oans, aber i derf koans kriagn, weil's zvui is für den Planeten und weil's in da Sahara koa Wasser ham und wenn i sog, iatz glangt's ma, i wer' langsam oid und gfoitat, i konn nimma wartn, dann hoaßts, ja guat, aber z'erscht, aber z'erscht …

(Übergang in Lied Nr. 25)

25. Aber z'erscht …

braucht sei E-lek-tro-nik-graf-fe, kaf-fa, bis de Kar-tn raucht, aa
wenn es spä-ter koa-na braucht. Schuf-ten, ra-ckern, ol-le Bra-ven
a-ckern wie Ga-lee-ren-skla-ven, von da Friah bis in die Nacht gibt's
je-den Tog nur Miah und Plog, spa-ren hoaßt es, nix aus-ge-bn,
spä-ter kimmt des gua-te Le-bn, wos is los, mir san no jung und
rit.
re-dn von Al-ters-si-che-rung. A-ber z'erscht, a-ber
z'erscht, spar ma auf de Al-ters-ren-te, kannt ja sei, daß
wos pas-siert und al-les muaß ver-si-chert werdn.
Al-les an-dre wich-ti-ger und ir-gend-wann is z'spät.

GERLINDE Aber z'erscht, aber z'erscht,
z'erscht muaß no des Häusl baut werdn,
erst a neies Auto kaaft,
und warten, bis de Eltern gstorbn san.

Z'erscht, aber z'erscht,
z'erscht werdn no de Schuldn obzoiht,
Kurse gmacht und Wellness und
ois nächstes kimmt da Gartn dro.

Z'erscht, aber z'erscht,
z'erscht no de Beförderung,
des teuerste Designerglump und in
China war ma aa no net.

Schulden zoihn und Kurse macha, schuften, wia's es olle machan,
lerna, bis du deppert werst, damit du no befördert werst.
Jeder infantile Affe braucht sei Elektronikgraffe,
kaffa, bis de Kartn raucht, aa wenn es später koana braucht.

Schuften, rackern, olle Braven ackern wie Galeerensklaven,
von da Friah bis in die Nacht gibt's jeden Tog nur Miah und Plog,
sparen hoaßt es, nix ausgebn, später kimmt des guate Lebn,
wos is los, mir san no jung und redn von Alterssicherung.

Aber z'erscht, aber z'erscht,
spar ma auf de Altersrente,
kannt ja sei, daß wos passiert und
alles muaß versichert werdn.
Alles andre wichtiger und irgendwann is z'spät.

26. Damisch

MUTTER Oiso, kriage iatz a gescheite Schwiegertochter oder muaße zerscht sterbn?

RUPERT De mecht se doch bloß a guats Leben macha.

MUTTER Und warum fangt se se dann mit dir wos o?

RUPERT Und warum kimmt sie grod auf mi?

MUTTER Host des net glernt bei de softwaregestütztn Lösungen für innovative Mobilitätskonzepte?
Damisch, damisch. Olle san se damisch.
Damisch wiara Kistn junge Hund'.
Narrischer wia'd Vögl Mitte Mai.
Damischer wia d'Antn, wenn da Fuchs kimmt.
Durchdraht wiara Haufa junge Schof.
Kopflos wia de Hehna nochm Schlachtn,
de rennan und net merken, wo geht's hi.

GERLINDE Sog amoi, habt's ihr eich gstrittn?

RUPERT Wia kimmst iatz do drauf?

GERLINDE Weil ma's unterwegs troffa ham. Wo fahrt die denn hi?

RUPERT Ja mei, aufs Pointnerfeld wird's naus sei zum Mistbroatn.

GERLINDE Und für des ziahgt se se elegant o und nimmt an Koffer mit?

RUPERT Wo habt's es'n gsehng?

GERLINDE De Landstraß is's nauf.

RUPERT Z'Fuaß?

GERLINDE Naa, mitn Bulldog.

RUPERT Host as gfrogt, wo hi?

GERLINDE Zu mir hot's g'sogt, sie fahrt nach Holland.

RUPERT Mi'n Bulldog? – Ah, des geht net.

GERLINDE So, Mamma, heit is's schee, heit schiab i di moi a bißl naus. Oiwei bloß herin in da Bude, do werst doch ganz damisch. – Sog amoi, Günter, woher kennst du die eigentlich?

GÜNTER Übern Schuasta.

GERLINDE Der is doch im Ausländerreferat.

GÜNTER Normalerweise ja, aber do gibts owei wieder moi Berührungspunkte.

GERLINDE Untere Naturschutzbehörde und Ausländerreferat, wo soit's denn do Berührungspunkte gebn?

GÜNTER Ja mei, wenn z. B. wer im Freien aufgegriffen werd, dann ruafan's oft mi dazua.

GERLINDE De macht ma aber net den Eindruck, daß's in am Flora-Fauna-Habitat aufgriffa wordn waar. – Und warum is'n de eigntlich oiwei so teier ozogn? I arbat des ganze Johr, aber i konn ma sowos net leistn. Wo hot'n de des Geld her? Habt's ihr Dreckshund' der vielleicht aa no Geld gebn?

GÜNTER Wos hoaßt do Geld gebn. I moan, de konnst doch net nockert rumlaffa lossn.

GERLINDE Wenn sie net irgndwann nockert rumglaffa waar, waar's iatz net schwanger.

GÜNTER Du, i moan, de kimmt aus an Entwicklungsland, do muaßt ab und zua vorbeischaun, do bleibt do gornix anderes über.

GERLINDE Wenn oane so entwickelt is, dann braucht sie koa Entwicklungshilfe mehr. Bei dera brauchst du aa net vorbeischaun. Dei Fachgebiet is der Untere Naturschutz – Punkt!

GÜNTER … und Artenschutz, net zu vergessn.

GERLINDE Diese Art brauchst du net schützen. Du bist schließlich vaheirat'.

27. Da grode Günter

War jetzt wos o-der war es nix? Na-tür-lich is wos gwe-sn. A-ba
net so, wia du denkst, und al-les streng kor-rekt. Des
braucht's iatzt ü-ber-haupt net, daß von eich wer drü-ber lacht, gebt's
zua, daß ihr an mei-ner Stell hätt's es ganz ge-nau so gmacht. I
bin do gro-de Gün-ter, i hob o-wei gwasch-ne Händ', es
steckt nix Schlimms da-hin ter, wos foisch is, is mir fremd.
Interlude
I trog
Lei-nen nur und Schaf-woi, ziahg nur ehr-lichs Zei-gl o.
Al-les mit da Hand gmacht, in de Berg drin ir-gend-wo.
Al-les un-be-denk-lich, di-rekt aus der Na-tur.

GÜNTER Mir habn a bißl zsammag'arbat,
a weng wos zsammagmacht,
und nie wos drüber naus,
nur des, wos ma so braucht.

Nix, wos net so sei derf,
für wos ma se dann schaamt,
des ganz normale Zeig,
damit ma nix vasaamt.

Es war nett und hot ihr ghoifa,
net wos du so denkst,
und aa net jeden Tog,
und nie außerhalb vom Dienst.

I bin da grode Günter,
i hob nie was Foisches to,
do steckt nix Schlimms dahinter,
alles sauber, schau mi o.

War jetzt wos oder war es nix?
Natürlich is wos gwesn.

Aba net so, wia du denkst,
und alles streng korrekt.

Des braucht's iatzt überhaupt net,
daß von eich wer drüber lacht,
gebt's zua, daß ihr an meiner Stell
hätt's es ganz genauso gmacht.

I bin da grode Günter,
i hob owei gwaschne Händ',
es steckt nix Schlimms dahinter,
wos foisch is, is mir fremd.

I trog Leinen nur und Schafwoi,
i ziahg nur ehrlichs Zeigl o.
Alles mit da Hand gmacht,
in de Berg drin irgendwo.

Alles unbedenklich,
direkt aus der Natur.
Außer meinem Allrad,
der is japanisch, gib i zua.

28. Wer sogt uns …?

Rezitativ, Akkordsymbole in Klammern

MUTTER Iatz fahrt's me auße, sunst wachse no o do herin.

CHOR [Fm]
Wer sogt uns, wos sie früher gmacht hot,
[Fm]
woaß ma, wos sie vorher war,

[Fm]
konn des sei, daß do wos war,
[Fm]
wos koana heit mehr wissen derf?
[Fm]
Hot's wos gebn, wos koana woaß, wos neamad net erfahrn soit?
[Fm]
Hot's wos to, wos se net ghärt, stimmt des, wos ma von ihr härt?
[Fm] [C]
Mit wem hot's wo wia lang wos ghabt, lange dunkle Schatten.
[Fm] [C]
Hot's wos to, wos Fraun wia mia im Lebn nia net taatn?
[Fm]
Wos woaß ma überhaupt von ihr?
[C] [Fm]

MUTTER Wer lang frogt, der geht lang irr.

29. Nachwuchs

RUPERT Oiso, Svetlana, i moan, noch Holland fahrn, des braucht's wirklich net. D'Mamma hot eh gsogt: es muaß a Kind her aufn Hof.

SVETLANA Die Mamma? Die Oma will Nachwuchs für ihren Hof, egal von wem.

RUPERT Okay, dann mach ma's so: Mir fahrn zerscht noch Holland, und nochher, wenn ois erledigt is, machma uns no an scheena Urlaub und fahrn nach Italien.

SVETLANA Nein. Zu zweit nach Italien, oder ich bin weg.

RUPERT Oiso, i woaß's net, des is ma irgndwia z'gaach, vastehst?

SVETLANA Auf was willst du warten? – Wir fahren zu zweit weg und kommen zu dritt zurück.

RUPERT Aber dann woaß i ja net genau, …

SVETLANA Wir putzen die Hütten, aber drin wohnen tut's ihr dann mit eure gschlecktn Weiber. Wir vögeln nicht deshalb so gut, weil ma näher am Viech san als ihr, sondern weil wir Seele ham. Mir sind deine Kontoauszüge wurscht. Mir sollen die Kinder schmeißen und die Alten aus der Scheiße heben und ihr geht's in die Oper. Wenn's ums Ficken und Schuften geht, sind wir gut genug, aber in Urlaub nehmt's ihr dann doch wieder eure trostlosen Hennen mit.

RUPERT Weil de wenigstens a Benehmen ham.

SVETLANA Ja, Benehmen, Manieren, aber Herz haben's wie Dreisternekühlfach. Alles perfekt außen, und innendrin so trostlos wie leere Fabrik. Uns braucht ihr als Haustrampel. Ich bin aber kein Nutzvieh, und ich ruinier mir auch nicht die Figur, nur damit irgend a varreckta Hof an Erben hat. Ich bin Königin, verstehst du? Königin muß gut behandelt werden, sonst sucht sie sich anderes Reich.

30. Jedes Hoor

26
B♭ F
Wie-sn, de du gmaht host, wachst bes-ser hin-ter her. Je-der
28
E♭ B♭ F
Mensch, dem du wos gnum-ma host, is froh. Je - de
30
D A G
Blu-me, die du 'gos-sn host, bliaht schee-ner hin-ter
33
D D A
her. Je-der Baam, un-ter dem mir gses-sn san, je-der
36
G D D
Zweig, red't nur von dir. Je-des Liacht, in dem du
39
A G D
gstan-den bist, scheint hel-ler wia da - vor. Je-des
42
A G
Buach, des du gle-sn host, is in-tres - san- ter, kimmt ma
45
D C Svetlana
vor. Das sagst du nicht zum er - sten Mal, das
47
G F
klingt wie ein-ge- übt, du brauchst wen, weil's dir naß rein-geht zur
49
C B♭
Zeit. Er - zähl mir nix, i glaab dir nix, wer

so-wos singt, der lügt. Zum Wahr-sein viel zu schön und bi - ßl
Rupert
spät. Je-des Gschirr, des du gschmis-sn host, je-der
Schnitt und je-der Scherbn. Je-der Schlaf, den du mir
Svetlana
gnum-ma host, je-der Stich, ois mog i gern. Je-des
Trumm, wos von dir rum-liegt, je-de Ho-sn, und je-der
Rupert
Schuah. Je - de Tu-be Crem' und Spang und Kamm und
Do-sn, i schau weg, es g'härt da - zua. Je-des
Heft, des du gle-sn host, je-des Buach, des no do
steht. Je-des Liad, des du gsun-ga host, i schreib es
hi und heb es auf. Der Gaul, den du gstrie-glt host, geht

79
G
F
schö-ner wia da-vor, des Haus, in dem du wohnst, riacht bson-
81
C
B♭
ders guat. Des Feu-er, des du gschürt host, brennt
83
F
E♭
B♭
wär-mer no wia sonst. Je-der Weg, auf dem du gan-ga bist, is
85
F
Svetlana
D
A
Rupert
recht. Je-der Bock, den du gschos-sn host, je-de
88
G
D
Svetlana
Gschicht, die du er-zählst. Je-der Schmäh, den du
91
A
Rupert
D
Svetlana
gri-ssn host, je-der Schwin-del, und je-der Schlog. Je-der
94
A
Rupert
Rausch und all die Wei-ber, und was
96
D
Beide
sonst noch war an Ex-zes-sen, je-de
98
A
Blöd-und Dumm-und Frech-und Feig-und Grob-heit, es is vor-
100
G
bei, es ist ver-ges-sen.

RUPERT Jedes Hoor, wos von dir is, jeder Kratzer, jeder Schlog.
Jede Tass', aus der du trunka host, olles, wos no riacht noch dir.
Jede Zeitung, de du glesen host, jeder Weg, auf dem du gehst.
Jedes Bett, in dem du gschlaffa host, jeder Fleck, auf dem du stehst.
Der Bulldog, den du gfahrn bist, klingt besser hinterher.
Jeder Stuhl, auf dem du gsessn bist, hot's guat.
De Wiesn, de du gmaht host, wachst besser hinterher.
Jeder Mensch, dem du wos gnumma host, is froh.
Jede Blume, die du 'gossn host, bliaht scheener hinterher.
Jeder Baam, unter dem mir gsessn san, jeder Zweig red't nur von dir.
Jedes Liacht, in dem du gstandn bist, scheint heller wia davor.
Jedes Buach, des du glesn host, is intressanter, kimmt ma vor.

SVETLANA Das sagst du nicht zum ersten Mal, das klingt wie eingeübt,
du brauchst wen, weil's dir naß reingeht zur Zeit.
Erzähl mir nix, i glaab dir nix, wer sowos singt, der lügt.
Zum Wahrsein viel zu schön und bißl spät.

RUPERT Jedes Gschirr, des du gschmissn host, jeder Schnitt und jeder Scherbn.
Jeder Schlaf, den du mir gnumma host, jeder Stich, ois mog i gern.

SVETLANA Jedes Trumm, wos von dir rumliegt, jede Hosn, und jeder Schuah.

RUPERT Jede Tube Crem' und Spang und Kamm und Dosn, i schau weg, es g'härt dazua.
Jedes Heft, des du glesn host, jedes Buach, des no do steht.
Jedes Liad, des du gsunga host, i schreib es hi und heb es auf.
Der Gaul, den du gstriegIt host, geht schöner wia davor,
des Haus, in dem du wohnst, riacht bsonders guat.
Des Feuer, des du gschürt host, brennt wärmer no wia sonst.
Jeder Weg, auf dem du ganga bist, is recht.
SVETLANA Jeder Bock, den du gschossn host,
RUPERT jede Gschicht, die du erzählst.
SVETLANA Jeder Schmäh, den du grissn host,
RUPERT jeder Schwindel, und jeder Schlog.
SVETLANA Jeder Rausch und all die Weiber,
RUPERT und was sonst noch war an Exzessen,
BEIDE jede Blöd- und Dumm- und Frech- und Feig- und Grobheit, es ist vorbei, es is vergessen.

31. Wia machst du des?

GERLINDE Sog amoi, Ivanka, wia machst du des mit de Männer?

SVETLANA Ganz einfach, du mußt Viech wie Mann und Mann wie Viech behandeln.

GERLINDE Den Mo wiara Viech?

SVETLANA Ja. Du mußt Viech behandeln wie Mensch, was nicht lesen kann und Mann wie Tier, was lesen und schreiben kann.

GERLINDE Und wenn da Mann unterwegs ist? Do san da ja

quasi die Hände gebundn. I moan, wia soit i den Mo hoitn, wenn er gornet do is?

SVETLANA Du mußt ihm vorher gut besorgen, dann merkt Mann, was ihm fehlt. Dann kommt schon wieder.

GERLINDE Ah so. Und wenn er trotzdem net so tuat, wia du wuist?

SVETLANA Wie?

GERLINDE Wenn er zwar da is, aber nicht so tut, wie du willst.

SVETLANA Dann suchst dir einen andern.

GERLINDE Wos, einfach so, ganz radikal?

SVETLANA Na sicher. Was sonst? Möchst ebba redn mit ihm?

GERLINDE Ah so. Und dann bist glei fest mit dem andern zsamm?

SVETLANA Nein, zuerst nur auf Probe.

GERLINDE An sich net schwierig.

SVETLANA Naa, iebahaapts net.

GÜNTER Wos, du? Wia bistn du überhaupt herkemma?

GERLINDE Mitn Radl. – Mamma, i mecht da no Pfiagott sogn. I fahr furt.

MUTTER Oh mei. Mei Dirndl. Wo fahrt'n mei brav's Dirndl scho wieder hi?

GERLINDE In die Eifel, Mamma, auf a Fortbildung.

MUTTER In d'Eifel auffe? San de so gscheit do obn?

GÜNTER Wos, du auf Fortbildung? Iatz auf amoi? Fuchzehn Johr is's aso ganga und iatz, wo dei Muatta krank is, oiso, i woaß fei net, wia i des findn soi. Iatz hot se mei Rhythmus grod auf Sabbatical umgstellt und dann fahrst du einfach furt. Do is mei Erholung glei wieda beim Teife. Do is des nächste Burn-out scho programmiert. Do konne förmlich drauf warten.

GERLINDE Genau. Wart einfach drauf.

GÜNTER Und no dazua so weit weg. De ganze Streckn alloa fahrn, des schaffst du ja nie.

GERLINDE Naa, de Gerlinde konn net alloa in de Eifel fahrn. Aber denk da nix, es fahr scho wer mit.

GÜNTER Wer?

GERLINDE Da Schindler.

GÜNTER Da Schindler? Und mit wos für an Auto?

GERLINDE Mit unsern.

GÜNTER Aber dann hob i ja koans.

GERLINDE Du host doch owei gsogt: Ein Auto langt. Mehr gibt's net. Aus Umweltgründen.

GÜNTER Und wos mach i?

GERLINDE Du paßt auf d'Mamma auf, und zum Bäcker derfst mit mein Radl fahrn.

GÜNTER Ja Moment! Ihr kinnt's doch net olle obhaun und mi bei ana vawirrtn oidn Frau sitzn lossn!

MUTTER I gib da glei an Vawirrt, du Bleistiftspitzer.

GÜNTER Und wann kemmt's ihr wieder zruck?

SVETLANA Das hängt von Biorhythmus ab.

GÜNTER Ihr könnt's doch net einfach in mein Sabbatical Urlaub macha!

RUPERT Wer alloa die Untere Naturschutzbehörde leiten konn, der konn aa auf a oide Frau aufpassn. Oiso, paß auf, daß's da net auskimmt!

MUTTER Sog amoi, bist du iatz wirklich schwanger?

SVETLANA Bist du wirklich dement?

MUTTER Ja mei, amoi so und amoi so. Kimmt drauf o.

SVETLANA Ja mei, so ähnlich geht's mir auch.

MUTTER Hilfe, Hilfe, Polizei, Einbrecher!

GÜNTER Mamma, bitte, du kennst mi doch.

MUTTER Mir is schlecht. I mächt sterbn, hoit's ma an Pfarrer!

GÜNTER I bin's, da Günter.

MUTTER Da Günter is a Blindder, do is nix dahinter. / Beim Ginter is Winter, und manchmoi, do spinnt er. / Beim Günter, beim Günter, werd's ollawei bünter. / Da Günter is a Sündter, mir gehst mit dem Günter. / Den taucht's iatz bitter obe, den nimmt da giftig Teife, auf sei spitzig Gobe.

GÜNTER *am Telefon* Gerlinde, du muaßt sofort kemma, die Muatta is komplett verwirrt.

MUTTER Här da'n o, den Hosnbrunzer. Wenn do oana durchananda is, dann bist as du, lebenszeitvabunkerter Bürokrattler, vakemmana. *Wirft ihm Zeug nach.* Schleicht's eich! Schleicht's eich, sog i. A so a Loamsiada *[Leimsieder]*, a so a letschata.

GÜNTER Mamma, mir brauchan doch a Stück weit a konstruktive Lösung. Bloß mit Schimpfa kemman mir doch net weiter. Ich geh jedn Tag in mei Arbat und i mach des aa gern. Umweltschutz is a sinnvolle Tätigkeit, da konn i voll dahinter steh.

MUTTER Für mei Umwelt waar's am besten, wennst de iatz schleichst.

GÜNTER Vorsicht, was machst'n do?

MUTTER I geh iatz auße und scheiß in mei Biosphärenreservat.

GÜNTER Also bitte, jetzt reiß di doch a bißl zsamm.

MUTTER Pfui Teife, do drentn steht a.

GÜNTER Wenn se da Günter damois mit de Abschußquoten net so neig'hängt hätt, taat dei Woid bei weitm net so schee dosteh. Do waar er heit schwaar vabissn.

MUTTER Iatz sogst as: Vabissn. Des is des, wos i net mog an da Gerlinde ihrn Kasperl, des Vabissene. A ganz vabissena, zsammzwickta Teife bist. Schleich di! I kimm no friah gnuag in d'Häj' *[Hölle]*, do brauche di iatzt net scho oschaun.

32. Wenn i den siehg …

Rezitativ, Akkordsymbole in Klammern

[Hm] [Hm]
MUTTER Wenn i den siehg, is passiert mit mir, dann hejft koa Betn mehr.
[Hm] [Hm]
Dann geht's ma um im Kopf, o wei, o weia.
[Hm] [Hm]
Wenn i eahm scho siehg und de Krätzn kriag, hot mi da Teife ghoit,
[Hm] [F#]
dann sitze mittn drin im Fegefeia.
[Hm] [Hm]
I sitz drunt' in da Häj, mir brennt da Arsch, auweh.
[Hm] [F#]
Sündnfall, verdammter, und iatz kimmt ein Beamter.
[Em] [Hm]
Weil, ob ma in da Hölle is, is anfangs net glei klar,
[F#] [F#] [Hm]
ma woaß es erscht, wenn er's außaziahgt, sei vadammtes Formular.

33. Im Fegefeuer

brachtst, und al - les so dre - ckat, so e - lends va -
kem - ma, daß je - der, der nei - schaut, glei woaß, do woh - nen
Män - ner. Wenn mir Wei - ber net waarn, do
gang gor - nix mehr zsamm. Koit waars im Haus, ol - les
schiach, ol - les klamm, so waars, wenn mir Wei - ber net waarn.
Die Teufel
A - ber lei - der is es doch ganz an - ders, wia's
ihr sogts, in Wirk - lich - keit ist es doch so: Wenn mir
Man - na net o - wei hin - term Zeig so her waarn, foi - at im
Haus und im Hof boid ois zsamm. Koa Baam werd mehr
gschnit - tn, koa Doch werd mehr gflickt, wenn de Wei - ber al -

86
G C C
loa san, is's Zeig boid var - reckt. Wenn da Mo sich net so um des
91
G F C
Sach küm-mern taat, ja, do taats net lang dau-ern und es werd e-lends
96
G
faad. Koa Mes-ser werd gschlif- fen, koa Ach-sen werd gschmiert,
101
F G C Fm
putzt wird und kocht, a - ber nix re - pa - riert. Is's moi so-
106
Cm G
weit, daß a Frau do re - giert, werd nix mehr to und da-
111
Cm Fm
für dau-ernd gred't. Wenn koa Mo net im Haus is, dann
115
Cm Fm G
bricht al - les zsamm, weil wer au-ßerm Mo soi den Ü-ber-blick
120
G7 Teufelinnen C G
ham? Koa Kind, des se d'Zähn putzt, koa Haus-auf-gab
124
F C
gmacht, koa Gau-di am Tog und koa Wärm in da Nacht. Koa
129
G F
Tep-pich am Bo- dn, koa Build an da Wand, nix werd mehr

134 G C Fm
gwa-schn, bloß ei-ni ins Gwand. Bloß na-cker-te Birn' an der
139 Cm G Cm
Wand und koa Lam-pn, es wachst bloß no oans, und des is sei
144 Die Teufel Fm Cm
Wam-pn. Koa Ra-dl, wos geh taat, a jeds hot an Plat-tn, es
149 Fm G G7
gibt koa-ne Män-ner, des zsam-ma-fli-cka taa-tn. Und's
153 C G F
Brenn-hoiz, des kaf-fan se pfund-weis am Markt, Hoiz waar scho
158 C
do, a-ber koa-na, der's hackt. Wenn koa Mo net im Haus is, dann
163 G F G
geht ois ka-putt, weil es braucht wem am Hof, der an Über-blick
168 C Am Teufelinnen D
hot. Recht habt's, ja recht habt's, guat, daß es sogt's!
173 G D
Mir ham im Lebn so vui va-schis-sn, mir ham fast
176 C G
al-les falsch gmacht und va-murkst, wos geht. Mir warn so

178 D
spitz wie zehn Hor - nis - sen, von wem die
180 C G
Kin - da san? Naa, naa, des sogn mir net. Ob mir a
182 D
Gwis-sn ham? Geh, här ma auf! Mir sogn de
184 C G
Wahr-heit und mir legn no a bi - ßl drauf. Von wem die
186 D
Toch-ter is, von wem da Bua? Saad's froh, daß's
188 C G Teufel und Teufelinnen
gsund san, des is scho mehr wia gnua. Mir warn net
190 D
bson-ders guat, net bson-ders bäs, mir ham es
192 C G
gmacht, so guat wia es hoit gan - ga is. Manch- moi, do
194 D
war es schee, und manch-moi net, mir ham hoit
196 C G
gschaut, daß es so schee werd, wiar es geht. Fürn oan is's

Rezitativ

DIE TEUFELINNEN Wenn bloß Manna am Hof san, gibt's koa Viech und koa Gros,
bloß an Bulldog und an Kreiselmäher, aber die riesengroß.
Lauter Fahrzeig, lauter Werkzeig, aber nix in da Speis.
Und im Kühlschrank a Bier und ansonst nix wia Eis.

Wenn mir Weiber net waarn,
do gang gornix mehr zsamm.
Koit waars im Haus, olles schiach, olles klamm,
so waars, wenn mir Weiber net waarn.

Koa Viech, des wo lebt und koa Bleame, des wachst,
so toat, daß d'koa Weib, de wos taugt, eine brachtst,
und alles so dreckat, so elends vakemma,
daß jeder, der neischaut, glei woaß, do wohnen Männer.

Wenn mir Weiber net waarn,
do gang gornix mehr zsamm.
Koit waars im Haus, olles schiach, olles klamm,
so waars, wenn mir Weiber net waarn.

DIE TEUFEL Aber leider is es doch ganz anders, wia's ihr sogts,
in Wirklichkeit is es doch so:
Wenn mir Manna net owei hinterm Zeig so her waarn,
foiat im Haus und im Hof boid ois zsamm.
Koa Baam werd mehr gschnittn, koa Doch werd mehr
gflickt,
wenn de Weiber alloa san, is's Zeig boid varreckt.

Wenn da Mo sich net so um des Sach kümmern taat,
ja, do taats net lang dauern und es werd elends faad.
Koa Messer werd gschliffen, koa Achsen werd gschmiert,
putzt wird und kocht, aber nix repariert.
Is's moi soweit, daß a Frau do regiert,
werd nix mehr to und dafür dauernd gred't.
Wenn koa Mo net im Haus, dann bricht alles zsamm,
weil wer außerm Mo soi den Überblick ham?

TEUFELINNEN Koa Kind, des se d'Zähn putzt, koa Hausaufgab
gmacht,
koa Gaudi am Tog und koa Wärm in da Nacht.
Koa Teppich am Bodn, und koa Build an da Wand,
nix werd mehr gwaschn, bloß eini ins Gwand.
Bloß nackerte Birn' an der Wand und koa Lampn,
es wachst bloß no oans, und des is sei Wampn.

TEUFEL Koa Radl, wos geh taat, a jeds hot an Plattn,
es gibt koane Männer, des zsammflicka taatn.
Und's Brennhoiz, des kaffan se pfundweis am Markt,

Hoiz waar scho do, aber koana, der's hackt.
Wenn koa Mo net im Haus is, dann geht ois kaputt,
weil es braucht wem am Hof, der an Überblick hot.

TEUFELINNEN Recht habt's, ja recht habt's, guat, daß es sogt's!
Mir ham im Lebn so vui vaschissn,
mir ham fast alles falsch gmacht und vamurkst, wos geht.
Mir warn so spitz wie zehn Hornissen,
von wem die Kinda san? Naa, naa, des sogn mir net.
Ob mir a Gwissn ham? Geh, här ma auf!
Mir sogn de Wahrheit und mir legn no a bißl drauf.
Von wem die Tochter is, von wem da Bua?
Saad's froh, daß's gsund san, des is scho mehr wia gnua.

TEUFEL UND -INNEN Mir warn net bsonders guat, net bsonders bäs,
mir ham es gmacht, so guat wia es hoit ganga is.
Manchmoi, do war es schee, und manchmoi net,
mir ham hoit gschaut, daß es so schee werd, wiar es geht.
Fürn oan is's Wetter foisch, fürn andern stimmt's,
du konnst drauf schimpfa, doch es kimmt so, wiar es kimmt.
Manchmoi konnst gornix toa, moi konnst wos drahn,
und wenn es schiafgeht, fangst du wieder o von vorn.

Schlußmusik: instrumentale Musik, zum Beispiel Variationen Varreckta Hof-Ländler.

DER VERRECKTE HOF

Eine Stubenoper
Hochdeutsche Fassung

Die Personen

Mutter Weichsenrieder*, lebt allein auf dem Hof, der Mann tot, die Kinder aus dem Haus
Tochter Gerlinde, Lehrerin
Schwiegersohn Günter, arbeitet im Landratsamt, Leiter der Unteren Naturschutzbehörde
Sohn Rupert, Manager in der Industrie
Svetlana, Migrantin aus Osteuropa

* Die Weichsenriederin, Weichsenrieder Bäurin, bürgerlich Cäcilie Kreszentia Schnapper, gerufen Schnapper Cilly oder Schnapper Zenz.

1. Prolog: Stadt und Land

Chorisch.

Der Mensch lebt auf dem Land, der Mensch lebt in der Stadt,
wo er herkommt oder wo's ihn hinzieht.
Der eine braucht den Trubel, der andere die Ruh,
wer weiß, warum man so oder auch so wird?

Der Stadtmensch lebt so seinen Tag
und mag nicht, daß ihm wer was sagt,
wie auf dem Land, wo jeder schaut,
was der grad tut und der grad baut.

Niemand kümmert, wie du lebst,
ob du flachliegst oder stehst,
man geht wie jeder andre seinen Weg,
auch wenn der nebenan schon lange tot im Zimmer liegt.

In der Stadt, wenn jemand schreit,
stört es nicht, weil's keiner hört,
Der Stadtmensch, sagt man, der ist frei,
am Land gäb's mehr Gemeinschaftssinn,
so hört man es zumindest gern,
doch ob es stimmt? Wir werden sehn.

2. Die Mutter redet wirr

MUTTER Vorbei, die schöne Zeit. Vorbei das gute Wetter.
Schlecht wird's, ganz schlecht.

GÜNTER Ach was, Mutter, wie kommst du denn auf sowas? Die Sonne scheint, die Vögel singen, warum soll es auf einmal schlecht werden?

MUTTER Die Kühe springen auf dem Berg,
das heißt, daß es jetzt schlechter wird.

GÜNTER Oben auf dem Untersberg? Das ist Luftlinie acht, zehn Kilometer weg. Bist du schon so weitsichtig?

MUTTER Schlecht wird's, ganz schlecht.

GÜNTER *am Telefon* Gerlinde, komm bitte, sofort. Die Mutter hat etwas. – Deine Mutter, irgendwas stimmt nicht bei ihr.

MUTTER Dir geb' ich gleich nen Stimmt-was-nicht, du Hosenpiesler!

GÜNTER Was? – Ja, komm bitte sofort hierher, und schnell bitte, ganz schnell. Ich glaube, es ist ernst.

MUTTER Die Kühe springen auf dem Berg,
die Rüben zittern in der Erd',
dunkel zieht's vom Westen rein,
bald wird das Wetter grausig sein.

GÜNTER Unmöglich, Mutter, das ist doch alles viel zu weit weg. Auf diese Entfernung eine Kuh sehen, das ist ja schon rein physikalisch nicht möglich.

MUTTER Wer bist denn du, sag, bist du wer?
Oh, weh, da kommt nichts Gutes her.
Vier Beine, Schwanz und Hörner,
was soll das sonst schon sein?

GERLINDE Mama, sag, was ist denn? Was hast du denn? Ist dir nicht gut? Tut dir irgendwas weh? Mama! Sag doch was! Seit wann spricht sie denn nicht mehr?

GÜNTER Gerade eben, sogar gesungen hat sie.

GERLINDE Gesungen? Dann stimmt was nicht. Mama, komm, sag, was ist denn los, was fehlt dir denn?

3. Wird sie am End'?

GÜNTER Wird sie am End' noch dement, ärger noch als sie es vorher war?

GERLINDE So schlimm wird's hoffentlich doch nicht sein,
vielleicht denkt sie grad an was anderes.
Ist ihr Geist schon im Jenseits, nur das Fleisch sagt nein,
mir ist es noch zu früh.
Kann es sein, sie schaut in den Himmel rein,
und sieht etwas, das wir erst später sehn.

MUTTER Siehst du nicht, die Küh' auf dem Berg,
wenn die so springen, wird das Wetter schlecht.

GÜNTER Seltsam, das war sie ja seit eh und je, und
jetzt, mit dem Alter wird's schlimmer.

GERLINDE Stimmt doch! Gerade, wie ich hierhergefahren bin, kam es im Radio, ab morgen regnet es. »Das Tief Oliver nähert sich von Island über Holland, Frankfurt, …«

MUTTER Ingolstadt und Großhartpenning, Kleindingharting, Rupfendorf, Zupfenhäusl, Tegernsee, schon ist es da bei uns.

GÜNTER Mamma, hör auf, was redest du nur, das
ist zu weit weg, das kann keiner sehn.

MUTTER Was haben sie nur, sie sehn's einfach nicht, dafür müßten sie etwas schlauer sein.
Ich weiß genau, was ich seh, ich schau da ja
schon achtzig Jahre rauf.
Irgendwann, da kapieren sie's schon,
und wenn nicht, ja dann sterben sie eben dumm.

GÜNTER Als erstes braucht sie ein vernünftiges Bett und einen Rollstuhl mit Toilettentopf.

GERLINDE Nein, sie braucht wen, der sich um sie kümmert.

GÜNTER Also, ich hab keine Zeit.

GERLINDE Aber ich, oder was?

GÜNTER Gerlinde, bitte!

GERLINDE Ich darf korrigieren, bis es finster ist, und dann muß ich noch meine Stunden für den nächsten Tag vorbereiten.

GÜNTER Aber du kommst mittags heim, und dann legst du dich erstmal hin.

GERLINDE Dich interessieren doch nur deine Fledermäuse und Kaulquappen. Wie es mir geht, ist dir doch völlig schnurz. Ich kann einfach nicht mehr. Mir steht es bis hier! Das Ministerium preßt uns rein, was nur geht, die Eltern werden immer ekelhafter, und wenn ich dann endlich vor der Klasse steh, bin ich so würfelig, daß mich die Elendsfratzen in drei Stunden fertigmachen.

GÜNTER Du, ich stemple um halb acht ein und dann hocke ich im Amt, bis mir die Birne raucht. Ich würde mich auch gerne mal hinlegen nach dem Mittagessen.

GERLINDE Du steckst morgens deine Karte rein und dann gibt's erstmal Kaffee. Du bügelst gemütlich deine Anträge runter, und wenn dir langweilig ist, fährst du aufs Land raus und ärgerst einen Bauern. So schaut es doch aus. – Ich rufe jetzt den Rupert an. Sie hat ja schließlich auch noch einen Sohn.

GÜNTER Der Industriemanager. Und du glaubst, der hat Zeit?

GERLINDE Wo ist denn das Telefon? Hat sie jetzt etwa das Telefon verräumt? Klar, die Töchter haben ja Zeit, das ist bei denen ja angeboren. Wo hat sie denn nur das verdammte Telefon versteckt? Der liebe Rupert. Der liebe Rupert soll sich ruhig mal ansehn, was hier los ist.

Mutter rutscht aus dem Bett, zieht eine Salatschüssel aus dem Küchenschrank und setzt sich drauf.

4a. Wo ist mein Topf?

MUTTER Wo ist mein Topf hin? Wer hat mir den Topf weggetan?

GERLINDE Hörst du's?

MUTTER Wo ist mein Topf hin? Wer hat meinen Topf weggetan?
Am Hof sind fremde Leut',
wo haben sie's nur hin, mein Zeug?
Wo ist mein Topf hin? Wer hat mir den Topf weggetan?
Schau, wie er grausig schaut, so stinkfaul und verlogen,
der ausgekochte Teufel hat mir mein Zeug verzogen.

GERLINDE Mamma, doch nicht in die emaillene Salatschüssel, das ist doch deine Aussteuer.

MUTTER Ich brunze rein, wo's mir paßt.

GERLINDE Muß denn immer so ordinär geredet werden, Mamma, das kann man doch auch anders sagen.

MUTTER Meine Herrn, ich bin so frei, ich brunz in jede Schüssel rein.

GERLINDE Mamma, bitte! Was soll denn der Günter von uns denken?

MUTTER Denkt der was? Und überhaupt: Was für ein Günter? War schon wieder Lichtmeß, daß neue Knechte im Haus sind? Heißt da einer etwa Günter? Günter? Das hat's ja noch nie gegeben, daß wir einen Knecht gehabt hätten, der sich Günter schimpft. Ein Günter, soweit kommt's noch.

GERLINDE Mutter, bitte, du kannst doch nicht in die Salatschüssel pieseln. Du bist doch kein kleines Kind mehr.

4b. Weichsenrieder Zenzerl

MUTTER Der Weichsenrieder Kreszenz, der red't kein Mensch nix drein.
Wenn sie seichen muß, dann brunzt sie in die Schüssel rein.

GERLINDE Komm, Mamma, wir gehen raus, wir machen das jetzt genauso, wie es sich gehört.

MUTTER Ich muß so notwendig pieseln, ich brunz in jede Schüssel rein.

GERLINDE Brunzen sagt man nicht mehr, das ist einfach zu ordinär.

MUTTER Hat der Papa immer gesagt: Ins Bett seichst du mir nicht rein, aber vom Balkon runterbrunzen geht immer. – Und springen tun sie wieder, ganz närrisch. Daß so ein Riesenvieh so rumspringen kann. Ah, das wird sauber runterbrunzen morgen.

5a. Was ist schon wieder los?

Ankunft des Sohnes.

MUTTER Ja was ist schon wieder los, ja was kann das jetzt nur sein?
Ja wer kommt um diese Zeit auf dem Hof vorbei?
Ja wer schleicht um diese Zeit draußen um die Hütte rum?
Sind schon wieder Krattler da, die mir etwas klau'n?

GERLINDE Mamma sag, was hörst du bloß? Was geht dir im Kopf herum?

MUTTER Es wird das Wetter schlecht, ich mein, es gibt noch Sturm.

RUPERT Was sitzt ihr da so piepsig rum, streitet ihr oder stimmt was nicht?

Mamma sag, was ist denn los? Setz dich auf und schau mich an!

MUTTER Bist du der Rupert? Bist du der Rupert? Ja schön, so schön, mein guter Bub.

DIE ANDEREN Bist du der Rupert? Bist du der Rupert? Ja schön, so schön, der gute Bub.

5b. … und die Töchter sind vergessen

GERLINDE Unsereins kann das ganze Jahr
putzen, waschen, Ordnung halten,
flitzen, hetzen, Essen kaufen, und dann auf die Ämter laufen,
und am Schluß noch Brennholz spalten.
Wer würd ihr sonst die Post aufmachen,
ab und zu was Warmes kochen?
Dieses ganze massenhafte, ekelhafte Hausgeschaffe,
um das sich sonst niemand reißt,
das Zeug, um das sich keiner scheißt,
was an der Tochter hängenbleibt,
was sie tut, weil sonst die Mutter schreit,
für das es nie ein Danke gibt,
auch wenn sie sich das Kreuz verbiegt,
und kommt dann mal der Sohn ins Haus,
des erste Mal seit Nikolaus,
dann geht das Herz der Mutter auf
und die Tochter ist vergessen.
Kommt dann mal der Sohn vorbei,
das erste Mal seit langer Zeit,
geht das Herz der Mutter auf,
und die Töchter sind vergessen.

Kommt dann mal der Sohn gehetzt,
die Mutter kommt zu allerletzt,
ja, gibt sich der Herr Sohn die Ehr,
das letzte Mal ist ewig her,
der schaut ja nicht so oft vorbei,
einmal im Jahr am ersten Mai,
sofern der dann auf Pfingsten fällt,
und das Wetter grausig ist,
vielleicht auch noch auf Weihnachten,
sofern er grad nichts Bessres weiß,
sonst fliegt er lieber gleich
ab in die Türkei.

MUTTER Ja so ein Scheiß-Haus,
da nehm ich Reißaus,
ich hau die Läus raus,
ich setz die Mäus 'naus,
mir geht der Reis aus,
ich muß aufs Gleis raus,
da muß ich gleich 'naus,
sonst steigt die Leich aus …

6. Burn-out

GERLINDE Weißt du, was ich meine?
RUPERT Klar. So geht es nicht weiter.
GÜNTER Du, das wissen wir auch. Ich hab mich mit der Gerlinde schon ausgetauscht, und wir sind zu dem Schluß gekommen: irgendwer muß sich um sie kümmern. Jetzt ist nur noch die Frage, wer?
RUPERT Du. Immer der, der fragt.

GÜNTER Ich? Nein, unmöglich. Du, ich hab die Untere Naturschutzbehörde unter mir. Wir kriegen FFH-Verordnungen rein noch und nöcher.

RUPERT Was für Verordnungen?

GÜNTER Flora-Fauna-Habitat-…

MUTTER Verdammt fauler Hockbeamter.

GÜNTER Moore, Torfe, Sümpfe, ich muß mich um jedes Feuchtgebiet kümmern. Da bist du beschäftigt. Und dann kommt erst noch die Fortbildung. Nach der letzten BRÖKKAL-Tagung in der Eifel …

RUPERT Nach was?

GÜNTER Nach dem BRÖKKAL-Symposium.

RUPERT Bröckel was?

GÜNTER Nein, BRÖKKAL in Großbuchstaben: **B**ayerischer **R**at für **Ö**kologische **K**lein**K**raft**A**n**L**agen. Da ging es um Streuobstwiesen, das war streng. Und wie ich von der Tagung zurückkomme, sagt der Chef: Schmidt, ab heute machen Sie die Streuobstwiesen. Verstehst du, was ich meine? Irgendwann geht es nicht mehr, und da hab ich ihm auf den Kopf zu gesagt: Sorry, es geht nicht mehr, ich brauche ein Sabbatjahr.

RUPERT Hervorragend, dann hast du ja Zeit.

GÜNTER Nein! Eben nicht: Seit ich nicht mehr arbeite, hab ich überhaupt keine Zeit mehr. Mein Arbeitgeber erwartet schließlich von mir, daß ich in dieser Zeit etwas für mich selbst tue. Ich muß mich erholen, dazu bin ich gesetzlich verpflichtet.

RUPERT Erholen von was?

GÜNTER Von dem Burn-out.

RUPERT Von der Wiege bis zur Bahre, von der Taufkerze zum Krematorium ein einziger Verbrennungsprozeß und am Ende bleibt nichts übrig. – Und du, was ist mit dir?

GERLINDE Ich? Was soll mit mir sein?

RUPERT Du hast die meiste Zeit Ferien und die restliche Zeit arbeitest du halbtags. Warum kümmerst du dich nicht um die Mutter?

GERLINDE Jetzt fängst du aber gleich eine.

RUPERT Nein, ganz im Ernst, wenn jemand von uns Zeit hat, dann du.

GERLINDE Wißt ihr Manager eigentlich, wie es in der wirklichen, realen Welt zugeht? Ihr hockt gemütlich in euren Büros und kassiert fette Boni, aber der ganze Irrsinn, den ihr mit eurer Hetzerei anrichtet, der schlägt auf die Kinder durch, und ich muß es aushalten. Aber ich kann nicht mehr. Die Kinder fressen mich auf!

RUPERT Wir verkaufen Softwarelösungen für robotergestützte Mobilitätskonzepte, was hat denn das mit den Schulkindern in Künzeldorf zu tun?

GERLINDE Ihr preßt den Vater aus, der macht seine Frau fertig, die gibt es an die Kinder weiter und wir Lehrer können es ausbaden. Warum kümmerst du dich nicht um sie? Du hast keine Familie, du bist gut im Organisieren, du bist ihr ohnehin der Liebste von allen.

RUPERT Du meinst, vierzehn Stunden am Tag reichen nicht, ich brauche noch was für die Freizeit.

GÜNTER Dann delegiere es halt. Das könnt ihr doch so gut: Andere arbeiten lassen. Ihr selber tut doch garnichts mehr – außer kassieren.

RUPERT Genau, aber du arbeitest.

GÜNTER Wenn wir im Amt nichts mehr arbeiten, bricht alles zusammen. Wenn wir nämlich nichts mehr genehmigen, darfst du auch nicht mehr arbeiten, dann ist Schluß mit der Industrie. Verstehst du mich? Wenn wir nein sagen, darf der Bäcker nicht mal die Backstube aufsperren.

RUPERT Danke.

GÜNTER Damit wir uns nicht falsch verstehen, ich würde gern

den Hof machen. Ich wäre wirklich gern Landwirt geworden, Selbstversorger, verstehst du, das wäre schon das Meine gewesen.

RUPERT Aber leider mußt du den Bauern in dir unterdrücken.

GÜNTER Sind wir doch realistisch: Die Landwirtschaft bringt nichts mehr. Du hast einen riesigen Hof mit zehn Hektar, du kannst dich totschuften und verdienst nicht mal das, was ich mit A13 kriege.

RUPERT Wie kommst du auf A13?

GÜNTER Du, die Leitung der Unteren Naturschutzbehörde, das ist kein Ponyhof, wenn du weißt, was ich meine. So eine Planstelle ist keine gemähte Wiese. Ich hänge mich gern rein für die Umwelt, aber eines darf man nicht vergessen: Der Tag hat 24 Stunden, und davon gehen achteinhalb für Arbeit drauf – tagtäglich!

RUPERT Fünfmal die Woche.

GÜNTER Genau. Und jede Stunde, die ich im Amt sitze, fehlt mir hinterher bei der Freizeit. Der Feinstaub aus den Fotokopierern, der Elektrosmog, Computer, Mäuse, Kabel im Boden, Kabel in der Decke. Das sind Belastungen. Und wie lange hält der Organismus diese Umweltverschmutzung noch aus?

MUTTER *singt* Und wie lang hält der Organismus diese Umweltverschmutzung noch aus?

GÜNTER Eine Zeitlang beißt man sich durch, aber irgendwann sagt der Körper Stop!, und dann bist ausgebrannt wie eine Osterkerze an Fronleichnam.

RUPERT Wie eine Zündkerze nach der Rußlandrallye.

7. Fertig

STIMMEN Ich hab keine, du hast keine Zeit, wir haben viel zu tun.
Wir schuften und wir arbeiten, wir rödeln, buckeln, rackern.
Wir fronen wie die Sklaven, wir schinden uns und ackern.
Wir schieben wie die Ochsen an, ich sag euch, gegenwärtig
weiß keiner, wie es weitergeht, wir sind fertig, fertig, fertig.

RUPERT Und wenn wir jemanden aus der Nachbarschaft fragen?

GERLINDE Aus der Nachbarschaft? Da macht es sicher keiner, die kennen sie nämlich.

GÜNTER Ich frag mal den Kreuzpointner vom Ausländerreferat, vielleicht weiß der jemanden.

8. Alle sind sie schwer beschäftigt

MUTTER Alle sind sie schwer beschäftigt,
alle sind sie wichtig,
unentbehrlich noch der letzte Depp.

Mancher muß an fünfzehn Plätzen
sein zur gleichen Zeit,
mancher könnte sich gerad' zerreißen.

Manche braucht man unbedingt,
es geht nicht ohne sie,
andre, die braucht keiner mehr,
nirgendwo und nie.

Manche braucht man überall,
die sind vom Streß ganz irr,

nach anderen fragt keiner mehr,
und das, schau her, sind wir.

Mancher bringt sich täglich um,
er schuftet wie ein Tier,
und andre liegen nur im Bett,
dazu gehören wir.

9. Svetlana

GERLINDE Mamma, das ist die Svetlana. – Es ist ganz unterschiedlich mit ihr. Manchmal ist sie völlig klar, und dann gibt es wieder Phasen, da ist sie komplett durch den Wind. Da kennt sie keinen Menschen und weiß nicht mal, wo sie ist.

MUTTER Redet ihr über mich?

GERLINDE Freilich, Mama, aber das wird schon wieder. – Manchmal geht sie selbst aufs Klo, aber besser ist es, du gehst mit ihr raus. In letzter Zeit ist sie oft bißchen schlecht auf den Beinen.

MUTTER Bist du eine Daxengruber Tochter? Die waren immer so frech:
Daxengruber, drunt und drüber, komm zu meinem Fenster rüber.

GERLINDE Mama, bitte!

MUTTER Aus was für einem Hof stammst denn du raus?

GERLINDE Mama, die Svetlana kommt aus Moldau.

MUTTER Von hinten raus, aus Lenggries hinten?

SVETLANA Bin ich Svetlana, aus Moldau.

MUTTER Vom Smetana? Da schau her, ein Smetana-Mädel.

GERLINDE Nein, Mama, das Land, aus dem die Svetlana herkommt, heißt Moldau, oder Moldawien.

MUTTER Nichts wie Gesindel!

SVETLANA Geb ich dir gleich Gesindel.

GERLINDE Nein, Mama, Osteuropa, verstehst du mich?

MUTTER Da bei Dingolfing drüben?

GERLINDE Nein, noch weiter. Mehr so Richtung Ukraine.

MUTTER Was, eine Ukrainerin? Habt ihr nicht wenigstens eine Österreicherin gefunden?

GÜNTER Oder wär dir ein Mann lieber gewesen?

MUTTER Nein, nein, schon eine Frau. Die Männer sind ja so grob.

GERLINDE Das ist schon lange nicht mehr so. Es gibt heute Männer, die ganz sanft sind, sanfter oft als die Weiber.

MUTTER Nein, hör mir bloß auf. – Warum paßt du nicht auf mich auf?

GERLINDE Mama, ich bin HSK-Lehrerin, ich kann einfach nicht.

MUTTER Ich dachte, du bist Handarbeitslehrerin.

GERLINDE Mama, das heißt jetzt HSK.

MUTTER Abkürzungen haben sie wie beim Hitler.

GERLINDE Also, bis nächstes Mal.

SVETLANA Oma, wie geht?

MUTTER Ich werde alt, alt und deppert.

SVETLANA Mensch ist immer so alt, wie sich fühlt.

MUTTER O je, wenn's danach ginge, wär ich schon zehn Jahre tot. Was hast du denn früher gemacht?

SVETLANA Alles mögliche.

MUTTER Kannst du mir auch einen Kaffee machen?

SVETLANA Kaffee, um die Zeit?

MUTTER Freilich, sonst kann ich überhaupt nicht mehr schlafen. Bist du eine Rumtreiberin, oder kannst du auch daheim bleiben?

SVETLANA Was hast du für Krankheit, Oma?

MUTTER Zur Bäuerin reicht die Kraft nicht mehr, fürs Muttersein bin ich zu alt, und für die Oma fehlen mir die Enkel.

SVETLANA Soll ich Mutter zu dir sagen oder Bäuerin?

MUTTER Der Bub rennt wie ein Versengter durch die Weltgeschichte und die Tochter kriegt keines, weil ihr Mann nichts zusammenbringt.

SVETLANA Welcher Mann?

MUTTER Der Günter.

SVETLANA Ich hab gedacht, Günter ist dein Sohn.

MUTTER Der? Nein, nein, der gehört der Gerlinde. Das ist ja das Elend. Jetzt ist sie schon so durch den Wind und dann bringt sie auch noch so einen Deppen daher. Du wirst es schon sehen. Er kommt jetzt gleich vorbei, zum Anmelden.

SVETLANA Anmelden?

MUTTER Freilich, er muß dich ja im Landratsamt anmelden.

SVETLANA Kann er das?

MUTTER Das ist das einzige, was er kann. Formulare ausfüllen, das hat er studiert. Aber sonst rührt sich nicht viel bei ihm.

SVETLANA Sonst was?

MUTTER Sonst ist nicht viel los bei ihm.

SVETLANA Vielleicht braucht er bloß bissel Hilfe.

MUTTER Du bist gut. Ideen haben die Weiber, da schau her.

SVETLANA Mama, ich bring dich jetzt hinaus. Nicht, daß Unglück gibt, wenn Günter kommt.

MUTTER Ich geh alleine raus. – Kommt der Günter, wird es Winter, schaut der Winter rein beim Fenster, wird es schon am Mittag finster.

SVETLANA Kommst du zurecht? Weißt du, wo hingeht?

MUTTER *rezitiert grummelnd* Ich muß ins Heu raus,
jetzt muß der Brei raus,
da geh ich gleich raus …

GÜNTER Na, wie geht's mit der Mama? Immer noch so verwirrt?

SVETLANA Was sagst du Mama? Was hast du mir erzählt? Sie

ist nicht deine Mama und du kriegst nicht Hof. Du hast mich gelogen.

GÜNTER Ivanka, bitte, ich meine, was heißt schon gelogen, wir sagen halt immer Mama zu ihr, und wenn die Mama stirbt, erbt die Gerlinde, und damit ist es irgendwo ein Stück weit ja auch mein Hof. Letztlich gehört er ja uns allen.

SVETLANA Deine Schwester Gerlinde?

GÜNTER Nein, ich würd schon eher sagen, meine Frau.

SVETLANA Vor drei Wochen war sie noch deine Schwester.

GÜNTER Ja gut, okay, das war halt eine Notsituation.

SVETLANA Not? Du weißt doch garnicht, was Not heißt. Aber bescheißen kannst du. – Du erledigst heute die Anmeldung für mich, oder ich bin morgen bei Chef von Behörde. – So eine Ratte …

10. Ratten

MUTTER Ratten gibt's auf jedem Hof, die gibt es überall, auch wenn du noch so scharf aufpaßt und streng.

Stell Fallen auf, verteil dein Gift,
versuche, was du willst,
sie sind im Korn genauso wie im Heu.

Stell dich auf den Kopf,
du kannst schimpfen, schlagen, schrein,
es hilft dir nichts, paar Ratten kommen rein.

Sie klauen das Essen aus der Speis',
sie kommen überall rein,
wer das nicht mag, der taugt für keinen Hof.

Ganz gleich, in welches Haus du schaust,
wie sauber und poliert,
bleib paar Tage, und du siehst,
paar Ratten gibt's auch hier.

Manchmal ist der Wurm drin,
du wirst nicht schlau daraus,
nicht so tragisch, wenn du weißt,
die Ratten sind im Haus.

11. Badetag

SVETLANA Frau Weichsenrieder, heute wird gebadet.

MUTTER Baden, ich? Wie kommst du jetzt darauf?

SVETLANA Freitag ist Badetag. Und weil die Frau Weichsenrieder eine saubere Frau ist, badet sie heute. Das hat sie schon immer so gemacht.

MUTTER Wie willst du das denn wissen? Bist du schon so lange hier?

SVETLANA Lange genug. Zwölfmal habe ich die Frau Weichsenrieder schon gebadet.

MUTTER Ich bin nicht die Frau Weichsenrieder, ich bin die Weichsenriederin. Verstanden? Weichsenrieder ist der Hofname, aber schreiben tun wir uns Schnapper. Die Frau Schnapper ist Bäuerin auf dem Weichsenrieder-Hof. So ist das. Ich bin eine geborene Kreuzpointner und eine verwitwete Schnapper, aber vom Beruf her immer noch die Weichsenriederin. Verstanden? Und keine von denen will heute baden.

SVETLANA Dann kriegen wir aber geschimpft von der Tochter.

MUTTER *rezitiert* Die ist doch keine Schnapper mehr. Schmidt heißt sie, Schmidt-Schnapper.

So mit Doppel-Namen, wie sie alle haben.
So ein Doppel-Namen, ja, ich tät' mich schämen,
und mitten zwischen Du und Ich: ein Bindestrich.
Es heißt, wenn sie sich doppelt nennen,
daß sie nie zusammenkommen,
weil mitten zwischen Du und Ich,
da steht der Bindestrich.

SVETLANA Wie heißt man denn richtig?

MUTTER Man braucht überhaupt nicht heißen. Du bist die Weichsenriederin oder die Daxenbergerin, es gibt einen Hofnamen, und das langt.

SVETLANA Und wenn du nicht Hof hast?

MUTTER Dann heiratest du ein.

SVETLANA Aber was ist, wenn du nicht in Hof einheiratest, sondern in Haus?

MUTTER Dann hast du einen Hausnamen. Irgendeinen Namen hat jeder – außer es sind Wohnungsleute, das ist natürlich heikel. Aber auch die können einen gescheiten Namen haben.

SVETLANA Einen gescheiten Namen?

12. Namen

MUTTER *Auftakt* Zum Beispiel,
Eisenrieder, Hinterstoißer, Reichenberger, Hintermoser,
Finsterwalder, Fodermayer, Hinterseer, Kern.
Eichenloher, Obermüller, Lettenbauer, Niederreiter,
Weber, Reber, Schreiner, jeder Name eine G'schicht.

Oberholzer, Unterholzner, Mayerhofer, Lichtmanegger,
Riederinger, Ratzenböck, die Namen sind gescheit.

Kuchlbauer, Kirchberger, Nieder-, Haus- und Spiegelsberger.
Wagenbichler, Kraxentischler, Wolpertinger, Späth.

Der Zimmer und der Zimmerer,
der Roider und der Roiderer,
Schmied und Schmieder, Schmiederer,
wo kommen die nur her?

Obermaier, Untermaier, Vorder-, Mitter-, Hintermeier.
Klostermeier, Niedermeier, oder einfach bloß so Meier.
Eisenbichler, Bichlmaier, Bichler, Bruckner oder Beier,
Namen über Namen, eine Wissenschaft für sich.

Wieser, Rieser, Jager, Bader, Bauer, Drescher oder Mader,
Holzer, Metzger, Scherer, Schreiner, Hacker oder Schmied.
Klopfer, Dengler, Drechsler, Sprenger, Köhler, Gruber, Brenner, Senner,
Schretter, Schneider, Müller, Knecht, jeder heißt wie sein Beruf.

SVETLANA Jetzt sag ich dir, wie heißt bei uns, bei uns, da heißt man so:
Putin, Stalin, Gagarin und Rasputin.
MUTTER Solche Namen, lieber Gott, wo kommt man denn da hin?
SVETLANA Romanow, Raskolnikow, Sikorski und Kalaschnikow,
MUTTER lauter böse Namen, wo man das Blut schon riecht.
SVETLANA Solschenizyn, Majakowski,
Schostakowitsch und Tschaikowski,

MUTTER der kommt mir bekannt vor,
wohnt der nicht in München?
SVETLANA Puschkin, Tolstoi, Dostojewski,
Nijinski, Kinski und Strawinsky.
MUTTER Jetzt noch die Vornamen, das sind lauter Heilige:
Resi, Zenzi, Mari, Leni, Kathi, Hilde, Barbara,
Hanni, Fanni, Luzi, Trudi, Milli, Cilli, Monika.
Bartl, Hartl, Martl, Anderl, Sepp und Rupp und Hias und Schorsch,
eine Silbe oder zwei, länger darf kein Name sein.
SVETLANA Kennst du die modernen Namen, wie die Mädchen heißen heut?
Fíona, Paris, Nicole, Cindy oder Desirée,
MUTTER das sind doch keine Namen, na hör mir auf nur, geh.
SVETLANA Die Buben heißen Kevin, Justin, Keefer, Ruben oder Sky.
MUTTER So ein Krampf, der arme Bub, wem fällt denn sowas ein?
Was ist mit den Eltern los, was spinnen die zusamm'?
Damit bist du doch gezeichnet, so ein Kind, das ist doch arm.
Die Mutter heißt so wie ihr Mann, auch wenn es sie nicht freut,
der Vater heißt wie seiner, und wenn nicht, dann leicht verdreht.
Die Tochter wie die Mutter, wie der Vater heißt der Sohn,
so wird man getauft, und so gehört's seit ewig schon.

13. Pflegestandards

GERLINDE Was ist denn hier los? Also, so geht das nicht. Ein Mordsradau in der Stube und die Mama ist immer noch nicht gebadet.

MUTTER Hilfe, Hilfe, Polizei!

SVETLANA Mutter geht gut. Alles ok.

GERLINDE Nein, von wegen. Schauen Sie sie doch an, wie vergrindet sie ist! Gell, Mama, du bist noch nicht gebadet. Das Wasser ist kalt, und sie ist noch genauso dreckig wie letzte Woche.

SVETLANA Na geh. Oma schaut noch ganz gut aus und jetzt baden wir, und dann haben wir saubere Oma für Wochenende.

GERLINDE Oma? Seit wann sagt man zu einer pflegebedürftigen Person Oma? Für Sie ist das immer noch die Frau Schnapper, und so möchte ich auch, daß Sie sie ansprechen.

SVETLANA Immer auf die Migranten.

GERLINDE Sie brauchen mir garnichts erzählen. Ich habe einen harten Vormittag hinter mir. Wissen Sie eigentlich, was auf mich alles einprasselt? Wenn ich morgens das Klassenzimmer aufsperre, stürmen die globalen Verwerfungen in Gestalt einer Horde rotzfrecher Kinder auf mich los, und dann komme ich auf den Hof, und Sie sagen zu meiner Mutter »Oma«.

SVETLANA Ohne die globalen Verwerfungen würde ich zur Oma garnix sagen, da wär ich Professor in Belarus.

GERLINDE Moment, was tun Sie denn da? Sie können doch nicht die Plastiktüten im Ofen verbrennen.

SVETLANA Na sicher. Brennt wie nix.

GERLINDE Die gehören in den Gelben Sack. – Von Mülltrennung hat sie auch noch nichts gehört. Das gibt es wahrscheinlich noch nicht dahinten. – Was ist denn das? Sie können die Joghurtbecher doch nicht einfach in den Biomüll schmeißen!

SVETLANA Ist sich Bio-Joghurt.

GERLINDE Der Joghurt, aber doch nicht die Becher!

SVETLANA Steht aber nicht drauf.

GERLINDE So geht es einfach nicht. Ich möchte, daß alles seine Ordnung hat. Ich hab schon genügend Konflikte auszuhalten in dieser Scheißg'sellschaft.

MUTTER Aushalten, raushalten. Jeder sein Gehalt auswalzen.

GERLINDE Da! Hören Sie sich das an! Sie ist ja völlig durch den Wind.

MUTTER Hat die Alte nichts geschnallt,
geht er mit Gewalt in'n Wald.

GERLINDE Da, haben Sie das gehört? Kein Wunder. Sie halten die Pflegestandards ein und sprechen die Mama so an, wie es sich gehört.

SVETLANA Dann sagen wir Babuschka zu dir, gell, Oma.

GERLINDE Nein, Sie sagen auch nicht Babuschka zu ihr. Haben Sie das denn nicht gelernt?

SVETLANA Gelernt? Was?

GERLINDE Sagen Sie bloß, Sie streichen da unsere Gelder ein und sind nicht einmal zertifiziert?

14. Hab ich in Kiew …

SVETLANA *Prolog rezitiert*
Man spricht mit dir beim Landratsamt,
als wärst aus 'nem Entwicklungsland,
du hörst dir an so allerhand,
sagst nix, wenn er dir an'n Hintern langt.
Und bevor das mit dem Visum klappt,

wirst von vierzehn Typen angetappt.
»Wem das nicht paßt, soll zum Teufel gehn«,
er selbst kann nicht mal Hochdeutsch reden.
Hat sich hinter dem Tisch verschanzt,
und hofft, daß es kein anderer spannt,
sitzt da mit seinem fetten Wanst
und sagt: Erzähl mal, was du kannst.

Hab ich in Kiew
schon in der Disco 'tanzt,
hab ich in Belarus
auch mal Kartoffeln 'pflanzt.

Hab ich in Wolgograd
in einem Puff bedient,
hab ich in Przemyśl
ein Walzwerk schon gelenkt.

Und drübn im Kaukasus,
wie da die Kämpfe warn,
da war ich auch dabei,
da bin ich Panzer g'fahrn.

Und so ein Bauernhof,
da an der Kampnwand,
das mach ich nebenbei,
mit der linken Hand.

Ich bin ein Arbeitsviech,
schau her, so bin ich 'baut,
das dich, wenn du nicht parierst,
von den Haxn haut.

CHOR Sie ist ein Arbeitsviech
und zwar stabil gebaut,
das ihn, wenn er nicht pariert,
von den Haxen haut.

SVETLANA Ich hab mit dreizehn schon
Philosophie studiert,
da wußtet ihr nicht mal,
wie man das buchstabiert.

Ich hab als Frau mein' Reiz,
und ich hob wos im Kreuz,
willst du da näher ran,
du, dann reiß dich zsamm.

Und während ihr noch schlaft,
hab ich schon was geschafft,
ich weiß, wohin es führt,
wenn man sich nicht rührt.

Ich bin ein wildes Tier,
ich bin stabil gebaut,
das dich, wenn du nicht schaust,
von den Haxen haut.

CHOR Sie ist ein wildes Tier,
und sehr stabil gebaut,
das ihn, wenn er nicht schaut,
von den Haxen haut.

15. Pflegestandards II

GERLINDE Also, ich weiß nicht recht. Wenn ich ganz ehrlich sein darf, Svetlana, ich glaube nicht, daß wir so weiterkommen. Ohne ein Minimum an Pflegestandards mag ich die Mama keine Nacht mehr in Ihrer Gewalt lassen.

SVETLANA Bei Minimum an Pflegestandards hat Pflegepersonal jede Woche zwei Tage frei.

GERLINDE Aber die Pflegestandards gibt es bei euch doch garnicht, und für etwas, das es nicht gibt, gibt es auch keine Freizeit.

SVETLANA Ich muß ein Wochenende zu Fortbildung, sonst schaff ich Pflegestandards nie.

GERLINDE Also, ich muß jetzt mal ganz ehrlich sagen, vom Bauchgefühl her, also, ich weiß wirklich nicht.

SVETLANA Apropos Bauchgefühl, mein Bauch hat Gefühl, ich brauche Auszeit.

GERLINDE Was, Sie eine Auszeit? Warum denn das?

SVETLANA Sonst krieg ich Burn-out.

GERLINDE Wo hat die denn diese Sachen her? Ich meine, eine arme weißrussische Stallmagd, wie kommt die denn zu so einer Wolford-Ausrüstung? – Wo hast du das Zeug denn her?

SVETLANA Von Arbeit.

GERLINDE Was ist denn das für eine Arbeit, zu der man Wolford-Sachen anzieht?

SVETLANA Was?

GERLINDE Siehst du, jetzt versteht sie wieder nichts. – Hast du in einer Bar gearbeitet?

SVETLANA War von Chef. Chef Vertreter von kleine Sachen, bankarotta, kein Geld. Hab ich genommen kleine Sachen von Frau.

GERLINDE Da schau her. Klauen tut sie also auch noch.

SVETLANA Was soll ich anziehen?

RUPERT Das weiße.

SVETLANA Weiße Kleid? Schau ich aus wie Torte.

GERLINDE Es ist halt schon etwas sehr kurz.

SVETLANA Wenig Stoff, wenig waschen.

GERLINDE Ja, reicht schon wieder. Ich hab's schon gesehen.

RUPERT Laß dich nicht drausbringen. – Dreh dich mal um.

SVETLANA Was willst?

GERLINDE Nichts Gescheites. Zieh dich wieder an. Der hat doch nur Unsinn im Kopf. – Was willst du denn überhaupt hier?

RUPERT Du, die braucht bißchen Auslauf.

GERLINDE Was willst du denn mit der? Die hat doch fast nichts an. Außerdem kann sie kaum ein Wort Deutsch.

RUPERT Die Pflegekräfte müssen von Zeit zu Zeit selber gepflegt werden, sonst sind sie diesen Belastungen auf die Dauer nicht gewachsen.

GERLINDE Jaja, ich weiß schon, wenn eine so daherkommt, ist die Grammatik nicht mehr so wichtig.

RUPERT Die muß mal was anderes sehn, bloß mit der Mutter, da dreht man doch irgendwann durch.

GERLINDE Ihr könnt doch jetzt nicht einfach abhauen. Ich meine, bitte, heute ist Freitag. Ich bin völlig fertig von der Woche, es ist weder geputzt noch sonst was, wie soll ich das denn schaffen?

SVETLANA Nicht putzt? Na freilich hab ich putzt.

GERLINDE Du hast *dich* geputzt, aber hier drin schaut es aus wie in den Karpaten.

RUPERT Ruf deinen Mann an. Der ist doch im Sabbatical. Sag ihm, er soll was zum Essen mitbringen, und dann macht ihr euch einen schönen Abend mit der Mama.

GERLINDE Sonst bist du Jahr und Tag nicht heimgekommen, aber seit die auf dem Hof ist – mit der fängst du mir aber nichts an!

RUPERT Bin ich minderjährig oder wie?

16. Gerlinde und die Frauenfront: Wenn das Wetter gut …

Die Frauen singen das in wechselnder Besetzung. Gerlinde ggf. mit den anderen.

GERLINDE Wenn das Wetter gut und der Hof gekehrt
und die Arbeit fast getan,
wenn das Unkraut schön gejätet ist
und die Hühner draußen scharrn.
Wenn die Milch gerührt und die Kübel sauber
und der Mist liegt auf dem Karrn
und des Essen steht schon auf dem Tisch,
sieht man den Sohn zum Haus herfahrn.

Die gute Arbeit kriegt der Mann,
das beste Stück vom Schwein,
die Töchter räumen hinterher und meistens noch daheim.
Die Männer treiben, was sie wolln, und jeder sagt, es paßt.
Die Mädchen müssen sittsam sein,
sonst schmeißt man sie gleich raus.
Die Burschen ziehn sich furchtbar an,
so wie die letzten Deppen,
wenn wir sowas täten, hieß es:
schau sie an, die Schnepfen!
Die Männer saufen, fressen, kriegen eine Riesenwampe,
bei uns, da hieß es sicher gleich: du fette, alte Schlampe.

Heute wird ganz gleich verteilt, so heißt's, in allen Dingen,
doch wenn's kritisch wird, dann bleibt es doch
an den Mädchen hängen.
Der Sohn hilft in der Küche,
und wenn er Lust hat, kocht er,
doch scheißt die Mutter mal ins Bett,
heißt es: wo bleibt die Tochter?

17. Schlampig

GERLINDE Hoffentlich paßt er auf.

MUTTER Aufpassen, aufpassen.

GERLINDE Ja, ich meine schon, daß er bei so einer Obacht geben soll.

MUTTER Aufpassen, anpassen, hinpassen, reinpassen.

GERLINDE Bei diesen Weibern ist schnell was passiert.

MUTTER Bist du meine Mama?

GERLINDE Wenn du als Mann bei so einer nicht ganz scharf aufpaßt, die sind schneller schwanger, wie du schaust.

MUTTER Hilfe! Polizei! Ich erstick!

GERLINDE Dir kann das freilich wurst sein, du kriegst es ja nicht mehr mit, aber wenn die ein Kind kriegt, nicht auszudenken.

MUTTER Dann müssen halt zwei gewindelt werden.

GERLINDE Nicht auszudenken, wenn die vom Rupert einen Bamsen kriegt.

MUTTER Besser von der wie von so einer Industrieschnepfe.

GERLINDE Schnepfe? Das sind ordentliche Frauen mit einem anständigen Beruf.

MUTTER Und zäh wie alte Suppenkühe.

GERLINDE Für dich geht es ja immer nur ums Aufnehmen. Empfängnis, Empfängnis! Wir sind doch nicht mehr beim Reichsgebärstand. Mit den Frauen aus der Firma kann er sich schon sehen lassen. Die haben wenigstens eine Ausbildung.

MUTTER Zum Urlaub fahren. Aber aufnehmen tun sie nicht, weil sie nichts wie herumrennen, und wenn sich dann mal ein Kind reinpflanzt bei so einer, ausnahmsweise, weil sie gerade auf Wellness sind, dann wird es paar Tage später wieder herausgeschüttelt, weil es einem jeden Embryo bei dieser Stelzerei mit den Stöckelschuhen speiübel wird. – Erst rennen sie dem Teufel hinterher, und wenn ihnen irgendwann einfällt, sie hätten gern ein Kind, ist es zu spät und dann rennen sie zum Therapeuten.

GERLINDE Übertreib doch nicht so fürchterlich.

MUTTER Mir ist die Svetlana beim Arsch lieber als so eine knochige Industriehenne beim Gesicht.

GERLINDE Wie sieht das denn aus: der junge Weichsenrieder mit der Altenpflegerin von seiner Mutter. Bei dem einen heißt sie Ivanka, beim anderen Svetlana, man weiß ja nicht einmal, kommt sie aus der Ukraine oder aus Moldawien oder von sonst wo da hinten.

MUTTER Du bist halt eine Lehrerin.

GERLINDE Lehrerin her oder hin, ich mag keine schlampigen Verhältnisse.

MUTTER Der Hof ist schlampig, ich bin schlampig,
die Kühe und das Gras sind schlampig,
der Sohn ist schlampig, seine Weiber,
wichtig, daß es weitergeht.

GERLINDE Ja wunderbar. Sie bringt zwar keinen deutschen Satz heraus, aber zum Kinderkriegen reicht's.

18. Hunde in der Nacht. Klage in g-Moll

MUTTER Manchmal in der Nacht,
ich lieg im Bett, noch wach,
weit weg hört man ein Auto fahrn,
dann ist es wieder still.

Am Himmel steht der halbe Mond,
und im Dorf, da bellt ein Hund.
Der Mond, der darf verschwinden,
der Hund liegt an der Kette.

Der Hund, der so weit weg da bellt,
ob der dem andern was erzählt?
Von einem Hundsweib, einem Bein,
wärn sie nicht so ganz allein.

Die Räuber, sie sind flink und stumm,
und jede Nacht bringt wer wen um,
ein Vogel kreischt, dann ist er stumm.
Ein schriller Schrei, schon ist es rum.

Der eine von den Kötern heult den Mond an,
Hund, sei still, der Mond kann nichts dafür.
Jedes Tier verteidigt seine Höhle,
winsle und bleib hinter deiner Tür.

Der Mensch braucht seine Ruh,
sperrt ganz fest die Kiste zu,
doch so still, daß man garnichts hört,
ist es nur tief drunt' in der Erd'.

STIMME Sag, warum sprichst du mit dir?
MUTTER Spricht ja sonst kein Mensch mit mir.
Und wenn nie jemand mit dir red't,
wirst du stumm und später blöd.

Im Dorf da drüben bellt ein Hund,
durch die Bäume geht der Wind,
und manchmal, wenn's ganz still ist, bringt
der Wind ein Wimmern wie ein Kind.

Pause

19. Der verreckte Hof

Ländler. – Eile in der Stube. Der Sohn hetzt herum.

RUPERT Tu mal bißchen schneller, schau doch, die Zeit wird knapp,
spätestens um sieben muß ich ja weg.

Hast du mir mein Zeug denn auch richtig eingepackt?
Wo sind die Schlüssel? Hat die jemand versteckt? Ver-,

verdammt zum Teufel, sag, irgendwo sind sie doch,
vor paar Minuten hab ich sie noch gesehn.

Was steht ihr denn so dusslig rum, helft mir keiner schaun?
Irgendwo da müssen sie doch wohl sein.

Denkt doch bißchen mit, vielleicht fällt euch doch was ein.
Sei doch mal nett und steh du mal auf!

Du hockst gemütlich rum und ich hab die Hetzerei.
Da sind sie doch, ja merkst du nicht, du sitzt drauf?

Ich renn so dusslig rum wie ein versengtes Schaf.
Der bringt mich nochmal um, dieser verreckte Hof.

Ich bin so durchgedreht wie ein verzecktes Schaf.
Irgendwann, da sterb ich auf dem verreckten Hof.

Es kostet mich seit Wochen wirklich den letzten Schlaf,
der Teufel soll ihn holen, diesen verreckten Hof.

Der Chef sagt zu mir: Schnapper, sind Sie doof?
Was bringt Ihnen dieser varreckte Hof?

Ich lauf so schmutzig rum wie ein verdrecktes Schaf,
kein Wunder bei dem Leben auf dem verreckten Hof.

Es kostet mich seit Wochen wirklich den letzten Schlaf,
der Teufel soll ihn holen, diesen verreckten Hof.

20. Ein gescheites Weib

MUTTER Wird Zeit, daß er ein gescheites Weib herbringt.

SVETLANA Wie gescheit? Mit Abitur?

MUTTER Nein, eine, die gescheit hinlangt.

SVETLANA Wo?

MUTTER In der Kammer. Das brauchen die Männer, sonst bleiben sie nicht beim Hof.

SVETLANA Was?

MUTTER Sonst grasen sie hinaus, sonst kommen sie auf den falschen Acker. Sonst verfahren sie sich. Verstehst du mich? Sonst mähen sie fremde Wiesen.

SVETLANA Sonst gehen sie auf die falsche Geiß.

MUTTER Sie versteht mehr, als sie immer tut. Alles verstehst du, gell? Ja, du wärst die Richtige. So ein Gewächs wie du hat uns noch gefehlt.

SVETLANA Hat er Frau?

MUTTER Du meinst, ob er verheiratet ist? Nein, nein. Probiert hätten es schon ein paar, aber er ist halt ein Bauernbub: Solange kein Kind auf dem Weg ist, wird auch nicht geheiratet. *Gerlinde und Günter treffen ein.*

GERLINDE Grüß Gott beieinander! – Mama, wie geht es denn so?

MUTTER Immer geht's nicht, hat er gesagt, der alte Mühlfellner, aber wenn es geht, dann paßt's.

GERLINDE Mama, der Günter muß mit der Svetlana ins Amt, ihre Aufenthaltsgenehmigung muß verlängert werden.

MUTTER Schon wieder?

GERLINDE Denken Sie sich nichts, Svetlana. Sie vergißt viel in letzter Zeit. – Also, bis dann. Günter, wann kommt ihr denn wieder?

GÜNTER Du, je nachdem, wie der Andrang ist.

MUTTER Andrang. An Drang. Drang-Drang.

GERLINDE Mama, bitte! Ich muß mich aufs Kochen konzentrieren. Wo is denn die Reibe? Wo hat sie bloß wieder diese verdammte Reibe hin? Ich dreh noch durch, ich werde hier noch verrückt. Er ist mit dem Auto weg, und ich sitze hier auf dem Hof fest.

MUTTER Hof fest, Hoffest, ein Hoffest? Hatten wir schon lang nicht mehr.

GERLINDE Trinken, Mama, trinken! Wo hast du denn die Kartoffelreibe hin? Da, du mußt mehr trinken. – Er fährt mit der Ukrainerin in die Stadt, und ich soll Knödel machen und weiß nicht, wo die Reibe ist.

21. Wenn ich mein Zeug nicht hab …

GERLINDE Wenn ich mein Zeug nicht hab, dann werd' ich unruhig,
wenn ich mein Zeug nicht hab, dann werd' ich bös.
Und wenn die Küche nicht so ist, so wie sie sein muß,
wenn ich mein Zeug nicht hab, nehm dich in acht.
Und wenn mein Mixer nicht da steht, da, wo er stehn soll,
und wenn mein Kaffee nicht so schmeckt, wie ich ihn mag,
dann kann es schwierig werden, glaub mir, und zwar richtig,
dann werde ich so himmelshöllenteufelsmistverdammtes-

drecksundschinderluderelendslumpenkannichmichdaärgerndazerreißtesmichbeihnahvorWutsomalefitzenbös.

CHOR Anankastische Bitterwurzel!
Hypochondrische Lehrerzuchtel!
Zwangsneurotischer Haushaltsbesen!
Esoterische Körnerwachtel!
Alte, vertratschte Kesselbürste!

MUTTER Hört doch mit dem Streiten auf, es langt.

CHOR Ohne ihr eignes Zeug, da wird sie schwierig,
ohne ihr eignes Zeug, da wird sie bös.
Und wenn die Tiegel nicht genau an ihrem Platz stehn,
stimmt ihre Küche nicht, oh, dann paß auf.

GERLINDE Und sind die Eier nicht vom Bauern aus Kleinritting,
und sind die Pfannen nicht da, wo sie hingehörn,

MUTTER und wenn die Kuh nicht an dem lang gewohnten Platz steht,
und wenn des Schaf nen andren Stall sieht wie daheim.

GERLINDE Liegt das Besteck nicht in dem Fach, wo es doch sein muß,
nimmt wer fürs Händetrocknen sich das falsche Tuch,
wenn wer was rausräumt und nicht wieder sauber reinlegt,
ja du, da kann ich mich so ärgern, daß es mich zerreißt vor Wut,
da werd' ich so fuchsteufelswild, da bin ich wie ein wildes Tier,
und kann für garnichts, für rein nichts mehr garantiern.

CHOR Ohne das eigne Zeug, da wird sie schwierig,
ohne das eigne Zeug, da wird sie bös.

MUTTER Und wenn das Hirn so zu ist, daß nichts andres reingeht,

CHOR dann wird 'ne andre Küche leicht mal zum Problem.

GERLINDE Wenn mein G'schirr nicht da ist, wo es an sich sein soll,
wenn die Gewürze ganz woanders stehn wie sonst.

CHOR Mit fremden Küchen, oh, das mag sie garnicht,
ohne ihr eignes Zeug, da wird es eng.

22. Uralte Muster

MUTTER Papa! Wo ist der Papa? Der Papa darf sein kleines Mädchen doch nicht alleine hier sitzen lassen. Papa! Dein kleines Mädchen braucht einen Kaffee. – Ja, wer bist denn du?

GERLINDE Der Papa ist doch schon lange gestorben. Du bist die Mama und ich bin dein Kind.

MUTTER Du bist ein ausgewachsenes Weib. Du bist doch Lehrerin, magst du keine Kinder?

GERLINDE Mama, bitte, das sind doch alles uralte Muster. Rein grundsätzlich habe ich nichts gegen Kinder, aber mir reichen sie in der Schule. Selber im Haus möchte ich sie nicht haben.

MUTTER Und dein Mann? Mag der keine Kinder?

GERLINDE Du, der Günter betrachtet das mehr von einem übergeordneten Standpunkt aus, und da hat er seine Bedenken.

MUTTER Was der nicht alles hat.

GERLINDE Er sagt, prinzipiell findet er Kinder gut, aber die Erde ist so übervölkert …

MUTTER Also, auf *dem* Hof wär schon noch Platz.

GERLINDE Außerdem sagt er, nur mal angenommen, es wären Kinder im Haus, wo bleibt denn dann seine Lebensqualität?

MUTTER Keiner sieht was, keiner tut was, jeder läßt die Arbeit liegen. Keiner hört was, jeder plärrt was, niemand hilft mir auf dem Hof.

GERLINDE Nach dem Sabbatical geht er auf die FH und dann macht er seinen Doktor.

MUTTER Kann er mir dann sagen, warum mir das Kreuz so weh tut?

GERLINDE Nein, den Doktor in Verwaltungswissenschaft. Das hebt ihn auf ein ganz anderes Level.

MUTTER Wo zieht ihr hin?

GERLINDE Nein, wir bleiben schon in Unterzeismering, aber auf einer anderen mentalen Ebene.

MUTTER Was Kleines, das im Haus rumtrappelt, werkelt, spielt und einfach plappert.

GERLINDE Wie lange sind die zwei jetzt eigentlich schon weg? Der wird sich mit der doch – nein, sowas tut der Günter nicht.

MUTTER Wegen dem Datenschutz.

GERLINDE Darf er ja garnicht, schon rein beamtenrechtlich.

23. Verreckt

MUTTER Verreckt, der ganze Hof verreckt,
jeden zieht's woanders hin.
Sie hetzen rum, der Hof verkommt,
der Pflug verrostet, Zeug verschwind't,
der Sohn, der keine Frau herbringt,
die Tochter, die mit sich nur spricht,
die einzige, die noch was tut,
ist sie, und sie versteht mich nicht.

24. Die Krähe

GERLINDE Hast du das gehört? – Ich glaube, sie kommen wieder.

RUPERT So, ich begrüße alle miteinander. Gell, Mama, bei dir ist immer die Hölle los. – Norbert Günter, habe die Ehre, ich dachte mir, du bist beim Naturschutz. Mama, da kannst du dich aber nicht beschweren, du hast immer reichlich Gesellschaft auf dem Hof.

MUTTER Ja, aber was für eine. – Wer bist denn du?

GERLINDE Wunderbar, dann dürfen wir uns ja verabschieden.

SVETLANA Kein Kaffee mehr?

GÜNTER Wie spät haben wir es? Oh-oh, schon fünf. Um fünf Uhr noch Kaffee, nein du, danke, also, das ist wirklich total nett, aber nein du, das wird mir zu spät, um diese Zeit darf ich keinen Kaffee mehr trinken.

MUTTER Sonst seicht er ins Bett, der Zipfelklatscher. Der Hosenbrunzer, der verpieselte.

GERLINDE Ich glaube, wir fahren jetzt.

MUTTER Warst du auf einer Beerdigung?

Rupert trägt einen dunklen Anzug.

MUTTER Habt ihr etwa wen eingegraben?

RUPERT Mama, so sind wir bei der Arbeit immer angezogen.

MUTTER Was ist denn das für eine Arbeit, wo man angezogen ist wie zu einer Beerdigung?

RUPERT Mama, wir entwickeln softwaregestützte Systeme für innovative Mobilitätskonzepte – darum geht es.

MUTTER Aber ausschauen tust du wie der Totenkrämer. Hättest du was Ordentliches gelernt, müßtest du nicht rumhausieren wie der Knochentrödler vom Leichenhandel.

RUPERT Unsere Firma hat dreimal soviel Wertschöpfung wie die gesamte bayerische Landwirtschaft, so schaut es aus. – Oh, Moment, ich glaube, jetzt ist was ins Bett gegangen. –

Svetlana, kommst du mal bitte, bei der Mama müßte etwas gemacht werden.

SVETLANA Ist deine Mutter oder meine?

RUPERT Meine Mutter, aber deine Arbeit.

SVETLANA Meine Arbeit und dein Vergnügen.

RUPERT Ach komm, jetzt tu doch nicht so. Es war immer ganz lustig.

SVETLANA Für wen?

RUPERT Also komm, ein bißchen Party, das hat noch keinem geschadet.

SVETLANA Ich hab genug Party gehabt in meinem Leben. – Warum hast du eigentlich die Koffer dabei, machst du Ferien auf dem Bauernhof?

RUPERT Du, ich hatte noch etwas Urlaub vom letzten Jahr, und da dachte ich mir, ich verbringe paar Wochen daheim.

SVETLANA So lang?

RUPERT Du, das war, wie gesagt, Resturlaub; plus Überstundenausgleich.

SVETLANA Überstundenausgleich bei Manager, gibt's das in Deutschland?

RUPERT Normal nicht, aber …

SVETLANA Sie haben dich rausgeschmissen.

MUTTER Hinausgeschissen.

RUPERT Nein, also, so kann man das nicht sagen.

SVETLANA Wie sagt man's denn?

RUPERT Du, die Firma muß sich fit machen für neue Herausforderungen. Die ganze Company wird neu aufgestellt, schlankere Strukturen etc., und im Zuge dessen werden manche Mitarbeiter eben frei für andere Aufgaben.

SVETLANA Sie haben dich wegrationalisiert.

RUPERT Du, ich meine, das ist doch ganz normal. Ich war ohnehin schon lange dabei, und irgendwann reicht's dann ja auch.

SVETLANA Wie lange ist bei dir »lang«?

RUPERT Du, das waren jetzt auch schon fast wieder fünf Jahre. Irgendwo ist das schon okay. Die Abfindung war gut, ich habe Zeit zum Durchatmen, das Pendel durchschwingen lassen, wenn du weißt, was ich meine, und kann mich auf neue Herausforderungen konzentrieren. Ich finde das irgendwie ganz gut.

SVETLANA Was ist los mit euch? Der eine braucht Sabbatjahr, die andere Auszeit, du brauchst Zeit zum Durchatmen, ist das so anstrengend, was ihr macht, oder ist die Arbeit so beschissen oder vertragt ihr alle nix mehr?

RUPERT Nee, Moment, da hast du jetzt was in den falschen Hals gekriegt. Natürlich wird eine gewisse Flexibilität verlangt. Das bietet mir aber andererseits die Chance, mich wieder neu zu erfinden.

MUTTER Neu erfinden. Pfui Teufel.

RUPERT Ich meine, du kennst das ja nicht, aber die Industrie, das hat schon was. Ein Meeting nach dem anderen, raus aus dem Flieger, rein in den nächsten, von einem Airport zum anderen. Ich wußte oft garnicht mehr, wo ich eigentlich bin. Also, das war schon klasse.

MUTTER Hör ihn dir an! Hör ihn dir nur an!

RUPERT Also, nur ein Beispiel, Messe in Düsseldorf, das Hyatt Regency, Jahrestagung von der Dings AG, eine Riesennummer, überall der Bär los, eine Riesenschlange an der Rezeption, alle japsen, weil es keine Zimmer mehr gibt, dann gehst du ganz straight zum Counter, ziehst deine Premium Card heraus und die andern alle: Ööö?! Da reißen sie die Augen auf, aber du mit deiner Card, alles klar: Welcome to Hyatt Executive Lounge, hier sind Ihre Schlüssel! – Weißt du, was ich meine? Wenn du die Premium-Senator-Card in Platin auf den Tisch legst, dann weiß jedes Schlitzauge in der hinteren Mongolei, was Sache ist.

SVETLANA Die Schlitzaugen wissen immer, was Sache is.

RUPERT Also.

SVETLANA Glaubst du das eigentlich alles selbst, oder hoffst du nur, daß es wer anderer glaubt?

RUPERT Also, das hätte ich mir von dir aber nicht gedacht.

SVETLANA Hast du gemeint, ich bin die analphabetische Unschuld von Belarus?

MUTTER Die kann ein herbes Luder sein.

RUPERT Du, ich weiß nicht, ob ich das alles aufgeben will, Canyoning, Raften, Bouldern, die Bonusmeilen, meine ganze Freiheit, warum soll ich das alles aufgeben?

SVETLANA Freiheit? Du rennst wie Ratz in Hamsterrad, und wenn du Plan nicht schaffst, wirst du freigegeben.

RUPERT Freigesetzt!

MUTTER Stallstiefel anziehn und arbeiten! Sauhammel, nichtsnutziger.

SVETLANA Jetzt kannst schon auf dem Hof bleiben, machst dein eigenen Zeug und brauchst nicht buckeln.

RUPERT Da fängt die Buckelei ja erst richtig an.

SVETLANA Aber da buckelst für dich selbst und nicht für Kombinat.

RUPERT Schade wär's trotzdem.

SVETLANA Schade um was? Schade um blauen Anzug? Hier hast auch blauen Anzug. Brauchst du nicht mal reinigen. Schmeißt du einfach in Miele.

RUPERT Was für eine, die Getreide- oder die Knochenmiehle?

SVETLANA Egal. Gestern ist vorbei und morgen kriegen wir schon hin.

RUPERT Ausgerechnet jetzt, wo ich kurz vor dem Level war, wo ich meinen eigenen Coach gekriegt hätte.

SVETLANA Ich bin dein Coach. Ich manage Hof. Komm, mach bißchen Landwirtschaft mit mir. Wie Eva und Adam.

RUPERT Adam und Eva.

SVETLANA Von mir aus.

RUPERT Vor der Vertreibung aus dem Paradies oder nachher?

SVETLANA Mal so und mal so. Wie Mensch immer gelebt hat: Pflügen, Säen, Ernten, Hühner im Hof und Gänse auf dem Teich. Geräte in Schuppen und Vorräte für die kalte Jahreszeit.

MUTTER Und Kinder.

RUPERT Und ich? Ich meine, alles recht und gut, aber was ist mit mir? Komm ich da überhaupt noch vor?

SVETLANA Du bist Adam.

RUPERT Und du?

SVETLANA Ich schau, daß was wächst.

RUPERT Ich meine, du schlägst mir da eine Perspektive vor, wo ich in aller Herrgottsfrühe aufstehen muß und den ganzen Tag im stinkenden Stallgewand rackern darf wie ein Strafgefangener, …

MUTTER Das Stallgewand mag er nicht, aber der Beerdigungsanzug, der taugt ihm.

RUPERT … und dafür gebe ich Karrierechancen auf, bei denen ich das Mehrfache verdiene, wo ich mir keine Finger dreckig machen muß und jeden Tag ein sauberes Hemd anziehen kann.

SVETLANA Sauberes Hemd und dreckige Finger.

RUPERT Muß ich mir das sagen lassen? Du kommst aus irgendeiner Krattlergegend, wo sie hinter dem Haus in eine Grube scheißen und das Wasser noch mit dem Kübel aus dem Boden ziehen, und du willst mir weismachen, daß unsere Industrie nichts taugt. Ohne unser Know-how hättest du mit dem Ochsenkarren aus der Walachei hierherfahren müssen. Das muß ich mir doch nicht anhören. Ich meine, kann mir irgendwer einen Grund sagen, warum ich mir sowas anhören muß?

SVETLANA Weil ich mehr zu bieten hab als Premium Card in Platin. Überleg dir, was du machst, sonst wirst du von mir freigesetzt – ohne Abfindung.

RUPERT Gut. Aber selbst, wenn ich dein Szenario mitdenke, dann muß ich mich trotzdem totbuckeln.

SVETLANA Was willst du denn? Weißt du überhaupt, was du willst?

RUPERT Ich möchte eine Arbeit, bei der ich nicht soviel Arbeit hab.

SVETLANA Was ist los mit euch? Der, dem der Hof gehört, hat keine Stelle, der, wo Stelle hat, hat kein' Hof. Die auf dem Hof ist, darf arbeiten, aber nicht bleiben. Der, den sie mag, möchte nicht mit ihr, und den, der mit ihr möchte, mag sie nicht. Sie muß schuften wie ein Vieh und kriegt nicht mal Aufenthaltsgenehmigung. Eine nette Wirtschaft. Steigt mir auf den Buckel!

MUTTER Schau, die Krähe auf dem Dach,
schaut dir böse hinterher,
krächzt so kratzig vor sich hin,
will die was von dir?

RUPERT Vielleicht muß man das Ganze in eine ganz andere Richtung denken. Ich meine, wenn ich eine ganz knochentrockene Finanzanalyse erstelle, dann sind unsere Main Assets doch in allererster Linie die Baugründe. Das sind unsere core values.

SVETLANA Kor was?

RUPERT Vom Cashflow her sind wir nicht so gut aufgestellt, aber in puncto Real Estate sind wir stark. Weiden, Ackerflächen, das kannst du alles vergessen. Das macht nur Arbeit und bringt nichts. Laßt uns das nüchtern angehen: Immobilien verwerten, das ist die Marschrichtung.

MUTTER Der Marsch geht in den Arsch.

RUPERT Ich verkaufe ein paar Baugründe; mit dem, was reinkommt, finanziere ich auf den restlichen Parzellen Mietwohnungen, und dann ab in den Urlaub.

MUTTER Hör ihn dir an, den Rotzlöffel, meine Wiesen verkaufen. Was bildest du dir denn ein? Du suchst dir eine Stelle und arbeitest, so wie wir früher auch. Er tät mir meine Grünflächen verkaufen, der Dreckhammel, der stinkfaule. Soweit sind wir noch nicht.

RUPERT Manchmal ist sie ganz klar, gell?

MUTTER Zieh dir das Stallgewand an und geh ausmisten.

RUPERT Logisch, den ganzen Tag mit der Mistgabel herumkratzen, aber bloß nicht das Hirn belasten, so wie immer schon. Warum hörst du mir nicht wenigstens mal zu? Ich würde das Ganze innovativ angehen, mit intelligenten Finanzkonzepten.

MUTTER Was haben sie mit dem bloß gemacht in der Firma.

SVETLANA Wenn Konzept intelligent, ist gut. Aber noch besser ist, du bist selber intelligent. – Also, ich muß raus zu die Wiederkäuer.

MUTTER Trüb schaust mir drein, ganz trüb.

RUPERT Was du immer siehst.

MUTTER Du gefällst mir garnicht. Hast schlecht geschlafen, oder hat sie dich auf Diät g'setzt?

RUPERT Weil du sowas siehst.

MUTTER Keine Arbeit mehr und kein Fleisch, das kann einen schon reintauchen.

RUPERT So wichtig ist das jetzt auch wieder nicht.

MUTTER Wer weiß, ob du so eine nochmal kriegst.

RUPERT Ach was, Weiber gibt's genug.

MUTTER Jaja, aber was für welche. Mit der würde halt was weitergehen auf dem Hof.

RUPERT Sind wir schon wieder bei dem alten Muster.

MUTTER Kennst du was Besseres?

RUPERT Bei so einer weißt du halt nie, was auf Dauer draus wird.

MUTTER Das weißt du bei keiner. Aber das ist wenigstens ein Weib. Die ist gesund.

RUPERT Ich weiß nicht, irgendwie geht mir das alles einfach zu schnell. Ich weiß doch garnicht, ob ich überhaupt schon soweit bin.

MUTTER Pressiert ja auch nicht. Sie ist ja erst im vierten Monat.

RUPERT Was sagst du? Schwanger ist sie?

MUTTER Sagen tut sie es.

RUPERT Das muß sie abtreiben.

MUTTER Nichts wird abgetrieben.

RUPERT Logisch, das ist die einzige Lösung. Die kann doch kein Kind kriegen.

MUTTER So wie sie dasteht, glaube ich schon.

RUPERT Unmöglich, Mama, wie schaut das denn aus, wenn der junge Weichsenrieder von einer Ukrainerin ein Kind kriegt?

MUTTER Sei froh, daß sie eins kriegt von dir.

RUPERT Ja Moment mal, ist es denn überhaupt von mir?

MUTTER Was weiß ich? Läßt mich ja keiner zuschauen.

RUPERT Entweder sie treibt ab, oder ich krieg ein genetisches Gutachten.

MUTTER Du tust ja gerade, als ginge es um den Thronfolger von England und Wales. Es geht um einen verreckten Hof, da brauchst du keinen Gutachter, sondern ein stabiles Weib.

RUPERT Ich weiß nicht, irgendwie ist mir das alles zu biologistisch. Ich bin in einer kritischen Phase meiner Existenz, da laß ich mir doch kein Kind aufhängen. Die hat mich reingelegt. Entweder sie läßt es abtreiben, oder ich bin weg.

MUTTER Dann überschreibe ich den Hof ihrem Kind, und du kannst mit deinem Arbeitslosengeld in einen Hasenstall ziehen und schauen, wer dir eine Rübe durchs Gitter schiebt.

MUTTER Ich vermache meinen Hof der Kirche,
am Ende kriegt die Kirche meinen Hof.
Weg mit allem, was mir noch am Hals hängt,
ich will nichts mehr hörn und nichts mehr sehn.

GERLINDE Was höre ich da, die kriegt ein Kind?

RUPERT Sagen tut sie es.

GERLINDE Ich hätte auch gern eines. Seit Jahren leiere ich an ihn hin: ich hätte auch gern ein Kind, aber ich darf nicht, weil es zuviel ist für den Planeten und weil sie in der Sahara kein Wasser haben, und wenn ich sage, mir reicht's, ich werde langsam alt und runzlig, ich kann nicht mehr warten, dann heißt es ...

Übergang in Lied Nr. 25

25. Aber erst ...

GERLINDE Aber erst, aber erst,
erst wird noch das Haus gebaut,
erst ein neues Auto,
und warten, bis die Eltern tot sind.

Aber erst, aber erst,
erst einmal die Schulden tilgen,
Kurse machen, Wellness und
als nächstes kommt der Garten dran.

Aber erst, aber erst,
erst noch die Beförderung,
das teuerste Designerzeug und in
China warn wir auch noch nicht.

Schulden zahlen, Kurse machen, schuften, wie es alle machen,
lernen, bis du dusslig bist, damit du noch befördert wirst,
kaufen, kaufen, was es gibt, auch wenn es nur im Haus rumliegt,
kaufen, bis die Karte raucht, auch wenn es später keiner braucht.
Schuften, rackern, alle Braven ackern wie Galeerensklaven,
von der Früh' bis in die Nacht gibt's jeden Tag nur Müh und Plag,
sparen heißt es, nichts ausgeben, später kommt das gute Leben,
was ist los, wir sind noch jung und red'n von Alterssicherung!

Aber erst, aber erst,
sparn wir auf die Altersrente,
könnt' ja sein, daß was passiert
und alles muß versichert sein.
Alles andre wichtiger und dann ist es zu spät.

26. Kirre

MUTTER Also, krieg ich jetzt eine Schwiegertochter oder muß ich erst sterben?

RUPERT Die will sich doch nur ein gutes Leben machen.

MUTTER Und warum fängt sie dann mit dir was an?

RUPERT Wie kommt sie eigentlich gerade auf mich?

MUTTER Hast du das nicht gelernt bei den softwaregestützten Lösungen für innovative Mobilitätskonzepte?
Kirre, kirre, alle sind sie irre.

Kirre wie ein Wurf von jungen Hunden.
Närrisch wie die Vögel Mitte Mai.
Wirrer wie die Enten, wenn der Fuchs kommt.
Kirre wie die Schafe vor dem Wolf.
Kopflos wie die Hühner nach dem Schlachten,
die rennen und nicht merken, wo geht's hin.

GERLINDE Sag mal, habt ihr euch gestritten?

RUPERT Wie kommst du jetzt darauf?

GERLINDE Weil wir sie unterwegs getroffen haben. Wo fährt die denn hin?

RUPERT Aufs Pointnerfeld wird sie raus sein zum Mistausbreiten.

GERLINDE Und dafür zieht sie sich elegant an und nimmt einen Koffer mit?

RUPERT Wo habt ihr sie denn gesehen?

GERLINDE Auf der Landstraße.

RUPERT Zu Fuß?

GERLINDE Nein, mit dem Bulldog.

RUPERT Hast du sie gefragt, wohin?

GERLINDE Nach Holland, hat sie gesagt.

RUPERT Mit dem Bulldog? – Das geht aber nicht.

GERLINDE So, Mama, heute ist es schön, heute schiebe ich dich wieder mal raus. Immer nur in der Bude, da wird man doch trübselig. – Sag mal, Günter, woher kennst du die eigentlich?

GÜNTER Über den Schuster.

GERLINDE Über den Schuster? Der ist doch im Ausländerreferat.

GÜNTER Normalerweise ja, aber da gibt es immer wieder mal Berührungspunkte.

GERLINDE Untere Naturschutzbehörde und Ausländerreferat, wo soll es denn da Berührungspunkte geben?

GÜNTER Ja nun, wenn z. B. wer im Freien aufgegriffen wird, dann rufen sie oft mich dazu.

GERLINDE Die macht aber nicht den Eindruck, als wäre sie in einem Flora-Fauna-Habitat aufgegriffen worden. – Und warum ist die denn eigentlich immer so teuer angezogen? Ich arbeite das ganze Jahr, aber ich kann mir so etwas nicht leisten. Wo hat die denn das Geld her? Habt ihr Dreckshammel der vielleicht auch noch Geld gegeben?

GÜNTER Was heißt da Geld gegeben. Ich meine, die kannst du doch nicht nackig herumlaufen lassen.

GERLINDE Irgendwann ist sie aber nackig herumgelaufen, sonst wäre sie jetzt nicht schwanger.

GÜNTER Du, die kommt aus einem Entwicklungsland, da muß man ab und zu vorbeischauen, da bleibt einem garnichts anderes über.

GERLINDE Wenn eine so entwickelt ist, dann braucht sie keine Entwicklungshilfe. Bei der brauchst du auch nicht vorbeischauen. Dein Fachgebiet ist der Untere Naturschutz – Punkt!

GÜNTER Und Artenschutz, nicht zu vergessen.

GERLINDE Diese Art brauchst du nicht schützen. Du bist schließlich verheiratet.

27. Der grade Günter

GÜNTER Ich hab mit ihr gearbeitet,
zusammen was gemacht,
doch nie darüber raus,
nur das, was man so braucht.

Nichts, was nicht so sein darf,
für was man sich dann schämt,
das ganz normale Zeug,
damit man nichts versäumt.

Es war nett, man hat geholfen,
nicht was du so denkst,
und auch nicht jeden Tag,
und nie außerhalb vom Dienst.

Ich bin der grade Günter, hab nie etwas getan,
vor allem nie was Schlimmes, alles sauber, schau mich an.

War da was oder war da nichts?
Es war etwas gewesen,
aber nicht so, wie du denkst,
nein, alles streng korrekt.

Das braucht's nun überhaupt nicht,
daß von euch wer drüber lacht,
ihr hättet, seid doch ehrlich,
es genau wie ich gemacht.

Ich bin der grade Günter, hab stets gewaschne Händ',
nichts Schlimmes steckt dahinter, was falsch ist, ist mir
fremd.

Ich trag Schafwolle und Leinen,
nur ehrliches Gewand.
Alles noch von Hand gemacht,
draußen auf dem Land.

Alles unbedenklich,
direkt aus der Natur.
Außer meinem Allrad,
der ist japanisch, geb ich zu.

28. Wer sagt uns …?

MUTTER Fährt mich jetzt einer raus, oder soll ich anwachsen hier drin?

CHOR Wer sagt uns, was sie früher machte,
weiß man, was sie vorher war?
Kann es sein, daß etwas war,
was keiner heut mehr wissen darf?
Gab es was, das keiner weiß, das nie jemand erfahren soll?
Gibt's wen, der mit ihr verkehrt,
stimmt es, was man von ihr hört?
Mit wem hat sie wo was gehabt, dunkle, dunkle Ecken.
Hat sie was getan, was Frau'n wie wir bestimmt nie täten?
Was weiß man überhaupt von ihr?

MUTTER Wer lang fragt, der geht lang irr.

29. Nachwuchs

RUPERT Also, Svetlana, ich meine, nach Holland fahren, das braucht's nun wirklich nicht. Wie die Mama gesagt hat, es muß ein Kind her auf den Hof.

SVETLANA Die Mama? Die Oma will Nachwuchs für ihren Hof, egal von wem.

RUPERT Okay, dann mach wir es halt so: Wir fahren zuerst nach Holland, und nachher, wenn alles erledigt ist, machen wir noch einen schönen Urlaub in Italien.

SVETLANA Nein. Wir fahren zu zweit weg und kommen zu dritt zurück.

RUPERT Und wie soll ich dann wissen, von wem das Kind ist?

SVETLANA Wir putzen die Hütten, aber drin wohnen tut ihr mit euren g'schleckten Weibern. Wir vögeln nicht deshalb so gut, weil wir näher am Vieh sind, sondern weil wir Seele haben. Wir sollen die Kinder schmeißen und die Alten aus der Scheiße holen, und ihr geht in die Oper. Wenn es ums Ficken und Schuften geht, sind wir gut genug, aber in Urlaub fahrt ihr mit den eingeborenen Weibern, egal wie trostlos.

RUPERT Weil die wissen, wie man sich benimmt.

SVETLANA Benehmen ja, aber Herz haben sie wie Dreisternekühlfach. Außen perfekt und innendrin so trostlos wie leere Fabrik. Uns braucht ihr doch nur als Haustrampel. Ich bin aber kein Nutzvieh, und ich ruiniere mir auch nicht die Figur, nur damit irgendein verreckter Hof einen Erben hat. Ich bin Königin, verstehst du? Königin muß gut behandelt werden, sonst sucht sie sich anderes Reich.

30. Jedes Haar

RUPERT Jedes Haar, das von dir ist, jeder Kratzer, jeder Schlag.
Jedes Glas, das du verwendet hast, alles, was noch riecht nach dir.
Jede Zeitung, die du gelesen hast, jeder Weg, auf dem du gehst.
Jedes Bett, in dem du geschlafen hast, jeder Fleck, auf dem du stehst.

Der Traktor, den du fährst, klingt besser hinterher,
die Sense, die du schwingst, ist scharf wie nie.
Die Wiese, die du mähst, wächst besser hinterher,
jeder Mensch, dem du was nimmst, ist froh darum.

Jede Blume, die du gegossen hast, blüht schöner hinterher.
Jeder Baum, der uns gesehen hat, jeder Zweig spricht nur von dir.

Jedes Licht, in dem du einmal warst, scheint heller als zuvor.
Jedes Buch, das du gelesen hast, ist int'ressanter, kommt es mir vor.

SVETLANA Das sagst du nicht zum ersten Mal,
das klingt wie eingeübt,
du brauchst wen, weil's dir naß reingeht zur Zeit.
Erzähl mir nichts, ich glaub dir nichts,
wer sowas singt, der lügt,
zum Wahrsein viel zu schön und viel zu spät.

RUPERT Das Geschirr, das du geschmissen hast, jeder Stich und jeder Schlag,
jeder Nerv, den du gekostet hast, ich geb zu, daß ich es mag.

SVETLANA Das ganze Zeug, das von dir rumliegt, jede Hose, jeder Schuh.
RUPERT Jede Tube Creme, Spange, Kamm und Dose, ich geb auf, gehört dazu.
Jedes Heft, das du gelesen hast, jedes Buch an deinem Bett.
Jedes Lied, das du gesungen hast, ich schreib es hin und heb es auf.

SVETLANA Jeder Bock, den du geschossen hast,
RUPERT jeder Schmuh, den du erzählst.
SVETLANA Jeder Flachs, den du gesponnen hast,
RUPERT jeder Schwindel, jeder Schlag.
SVETLANA Jeder Rausch und all die Weiber,
RUPERT und was sonst noch war an Exzessen,
BEIDE jede Dumm- und Feig- und Blöd- und Taub- und Grobheit,
es ist vorbei, es ist vergessen.

31. Wie machst du das?

GERLINDE Sag mal, Ivanka, wie machst du das eigentlich mit den Männern?

SVETLANA Ganz einfach, du mußt Viech wie Mann und Mann wie Viech behandeln.

GERLINDE Den Mann wie Viech?

SVETLANA Ja. Du mußt Viech behandeln wie Mensch, was nicht lesen kann und Mann wie Tier, was lesen und schreiben kann.

GERLINDE Und wenn der Mann unterwegs ist? Dann sind dir ja quasi die Hände gebunden. Ich meine, wie willst du einen Mann halten, der gar nicht da ist?

SVETLANA Du mußt ihn, vorher gut besorgen, dann merkt Mann, was ihm fehlt. Dann kommt schon wieder.

GERLINDE Ach so. Und wenn er trotzdem nicht so tut, wie ich will?

SVETLANA Wie?

GERLINDE Wenn er zwar da ist, aber sich nicht so benimmt, wie ich will.

SVETLANA Dann suchst dir einen andern.

GERLINDE Wie, einfach so, ganz radikal?

SVETLANA Logisch, was sonst? Möchst etwa reden mit ihm?

GERLINDE Ach so, und dann bist du gleich fest mit dem nächsten zusammen?

SVETLANA Nein, zuerst nur auf Probe.

GERLINDE An sich nicht schwierig.

SVETLANA Nein, überhaupt nicht.

GÜNTER Was, du? Wie bist du denn überhaupt hierhergekommen?

GERLINDE Mit dem Rad. – Mama, ich möchte dir noch Auf Wiedersehen sagen. Ich fahr weg.

MUTTER O je, mein Mädel. Wo fährt denn mein braves Mädel schon wieder hin?

GERLINDE In die Eifel, Mamma, zu einer Fortbildung.

MUTTER In die Eifel? Sind die so gescheit da hinten?

GÜNTER Was, du zu einer Fortbildung? Jetzt auf einmal? Fünfzehn Jahre lang ist es so gegangen und jetzt, wo deine Mutter krank ist, also, ich weiß echt nicht, wie ich das finden soll. Gerade hat sich mein Rhythmus auf Sabbatical umgestellt und jetzt fährst du einfach weg. Da ist meine Erholung gleich wieder beim Teufel. Da ist das nächste Burn-out schon programmiert. Da kann ich förmlich drauf warten.

GERLINDE Genau. Warte einfach drauf.

GÜNTER Und noch dazu so weit weg. Die ganze Strecke alleine fahren, das schaffst du ja nie.

GERLINDE Nein, die Gerlinde kann nicht alleine in die Eifel fahren. Aber denke dir nichts, es fährt schon jemand mit.

GÜNTER Wer?

GERLINDE Der Schindler.

GÜNTER Der Schindler? Und mit was für einem Auto?

GERLINDE Mit unserem.

GÜNTER Aber dann hab ich ja keines.

GERLINDE Du hast doch immer gesagt: Ein Auto reicht. Mehr gibt's nicht. Aus Umweltgründen.

GÜNTER Und was mache ich?

GERLINDE Du paßt auf die Mama auf, und zum Bäcker darfst du mit meinem Rad fahren.

GÜNTER Ja Moment! Ihr könnt doch nicht alle abhauen und mich bei einer verwirrten alten Frau sitzen lassen!

MUTTER Ich geb dir gleich einen Verwirrt, du Bleistiftspitzer.

GÜNTER Und wann kommt ihr wieder zurück?

SVETLANA Das hängt von Biorhythmus ab.

GÜNTER Ihr könnt doch nicht einfach in meinem Sabbatical Urlaub machen!

RUPERT Wer die Untere Naturschutzbehörde leiten kann, der kann auch auf eine alte Frau aufpassen. Also, Vorsicht, daß sie dir nicht auskommt!

MUTTER Sag mal, bist du jetzt wirklich schwanger?

SVETLANA Bist du wirklich dement?

MUTTER Mal so und mal so, je nachdem, um was es geht.

SVETLANA So ähnlich ist es bei mir auch.

MUTTER Hilfe, Hilfe, Polizei, Einbrecher!

GÜNTER Mama, bitte, du kennst mich doch.

MUTTER Mir ist schlecht, ich sterbe, holt mir den Pfarrer!

GÜNTER Ich bin's doch, der Günter.

MUTTER Der Günter ist ein Blindder, da ist nix dahinter. / Beim Ginter is Winter, und manchmal, da spinnt er. / Beim Günter, beim Günter, da wird's immer bünter. / Der Günter ist ein Sündter, mir gehst du mit dem Günter. / Dem mag es bitter stinken, den nimmt der giftig' Teufel / auf sein' spitzen Zinken.

GÜNTER *am Telefon* Gerlinde, du mußt bitte sofort zurückkommen, deine Mutter ist komplett verwirrt.

MUTTER Hör ihn dir an, den Hosenbrunzer. Wenn da wer durcheinander ist, dann bist es du, lebenszeitverbunkerter Bürokrattler, verkommener. *Wirft ihm Zeug nach.* Schleicht euch! Ich sage: Schleicht euch! So ein Leimsieder, so ein lahmarschiger.

GÜNTER Mama, wir brauchen doch ein Stück weit eine konstruktive Lösung. Nur mit Schimpfen kommen wir doch nicht weiter. Ich gehe jeden Tag zu meiner Arbeit, Umweltschutz ist eine sinnvolle Tätigkeit, da kann ich voll dahinterstehn.

MUTTER Für meine Umwelt wärs am besten, wenn du dich jetzt schleichst.

GÜNTER Vorsicht, was machst du denn da?

MUTTER Jetzt geh ich raus und scheiß in mein Biosphärenreservat.

GÜNTER Also bitte, jetzt reiß dich doch ein bißchen zusammen.

MUTTER Pfui Teufel, da drüben steht er.

GÜNTER Wenn sich der Günter damals mit den Abschußquoten nicht so reingehängt hätte, würde dein Wald heute bei weitem nicht so schön dastehen. Da wäre er schwer verbissen.

MUTTER Jetzt sagst du es: verbissen. Das ist es, was ich nicht mag an der Gerlinde ihrem Kasperl, das Verbissene. Ein ganz verbissener, zusammengezwickter Teufel bist du. Schleich dich! Ich komme noch früh genug in die Hölle, da muß ich dich nicht jetzt schon anschauen.

32. Wenn ich den seh …

MUTTER Wenn ich den seh, ist es schon vorbei, dann hilft kein Beten mehr.
Dann geht's mir um im Kopf, o wei, o weia.
Wenn ich den da seh, tut das Kreuz mir weh, dann hat er mich geholt,
dann sitz ich mittendrin im Fegefeuer.
Ich träum vom kalten Schnee, mir brennt der Arsch, auweh.
Sündenfall, verdammter, und jetzt kommt ein Beamter.
Denn ob man in der Hölle ist, ist anfangs nicht ganz klar,
man weiß es erst, wenn er's herauszieht, sein verdammtes Formular.

33. Im Fegefeuer

DIE TEUFELINNEN Wenn nur Männer am Hof sind,
gibt's kein Vieh und kein Gras.
Nur Bulldog und Kreiselmäher, aber die riesengroß.
Lauter Technik, lauter Werkzeug, aber nichts in der Speis',
Und im Kühlschrank nur Bier und sonst nichts wie Eis.

Wenn wir Weiber nicht wärn,
würd garnichts funktioniern.
Kalt wärs im Haus, keiner tät sich was schern,
so wärs, wenn wir Weiber nicht wärn.

Kein Tier mehr, das lebt, keine Blume, die blüht,
so tot, daß keine Frau, die was taugt, reingehn tät,
und alles so dreckig, als hausten da Penner,
und jeder, der reinschaut, gleich weiß, da wohnen Männer.

Wenn wir Weiber nicht wärn, da würd' nichts funktioniern.
Kalt wärs im Haus, keiner tät sich was schern,
so wärs, wenn wir Weiber nicht wärn.
Wenn wir Weiber nicht wärn, stünd' es schlecht um die Herrn,
kalt wärs im Haus, alles muffig und klamm,
so hält's keiner aus, nur ein Mann.

DIE TEUFEL Doch leider ist es nicht ganz so schlimm, wie ihr sagt, in Wirklichkeit ist es doch so:

Wenn wir Männer nicht so gute Handwerker wärn,
wär das Haus schnell kaputt, denn wer solls repariern? Kein
Baum wird geschnitten, kein Dach wird geflickt, sind die
Weiber allein, ist bald alles verreckt.

Wenn der Mann sich nicht so um den Hof kümmern tät,
ja, da dauert's nicht lang, bis es steil abwärts geht.
Kein Messer geschliffen, keine Achse geschmiert,
geputzt wird und gekocht, aber nichts repariert.
Wenn's soweit kommt, daß ne Frau da regiert,
wird nichts mehr getan, nur diskutiert.
Wenn kein Mann mehr im Haus ist, bricht alles zusamm',
weil wer außer dem Mann soll den Überblick ham?

TEUFELINNEN Kein Kind, das sich wäscht, keine Betten gemacht,
keine Freude am Tag, keine Wärme zur Nacht.
Kein Teppich am Boden, kein Bild an der Wand,
nichts wird gewaschen, bloß rein ins Gewand.
Bloß nackige Birnen, es gibt keine Lampe,
es wächst nur noch eines, das ist seine Wampe.

TEUFEL Kein Rad, das mehr geht, jedes hat einen Platten,
es fehlen die Männer, die das Loch flicken taten.

Und Brennholz, das kaufen sie pfundweis am Markt,
Holz wär schon da, aber keiner, der's hackt.
Wenn kein Mann mehr im Haus ist, dann geht es bergab,
es braucht wen am Hof, der den Überblick hat.

TEUFELINNEN Recht habt ihr, recht, und so schön gesagt:

Ein Leben lang so viel verschissen,
wir haben mehr vergeigt, als eigentlich so geht.
Wir warn so spitz wie zehn Hornissen,
von wem die Kinder sind? Wer fragt denn da so blöd?

Wo das Gewissen bleibt? Geh, hör mir auf!
Ihr kriegt die Wahrheit und wir legen noch was drauf.

Von wem die Tochter ist, von wem der Bub?
Sie sind gesund, und das ist mehr schon als genug.

TEUFEL UND -INNEN Manchmal, da lief es krumm,
mal kam es hin,
wir haben es versucht, so gut es eben ging.
Manchmal ging's steil bergauf, und dann bergab,
wir sind davongekommen, wenn auch oft nur knapp.
Dem einen ist es heiß, dem andren kühl,
du kannst drauf schimpfen, doch es kommt so, wie es will.
Mal geht es wie von selbst, mal nur im Zorn,
und wenn es schiefgeht, fängst du wieder an von vorn.
Mal lief es tadellos, und manchmal nicht,
du gehst da durch und machst ein freundliches Gesicht.

Schlußmusik: Variationen Verreckter Hof-Ländler.

Stücke von Georg Ringsgwandl bei Suhrkamp

Der varreckte Hof. Eine Stubenoper. Gesänge in einer sterbenden Sprache
3 D, 2 H
UA: Tiroler Volksschauspiele, Telfs, 4. August 2012
Regie: Susn Weber

DEA: Theater an der Rott, Eggenfelden, 4. Oktober 2013
Regie: Susn Weber

Der verreckte Hof. Eine Stubenoper. (Hochdeutsche Fassung)
3 D, 2 H
SEA: Theater Winkelwiese, Zürich, 4. Oktober 2014
Regie: Stephan Roppel

Die Donauprinzessin. Ein Abend für Schauspielerin und Musik
1 D, 2, 3 Musiker
Frei zur Uraufführung

Der Hund, der Hund. Sprechoper für ältere Frau, Hund und drei Stimmen
2 D, 3 H, 1 lebender Hund
UA: Tiroler Volksschauspiele, Telfs
29. Juli 2015
Regie: Susn Weber

© Foto: Christian Kaufmann

Georg Ringsgwandl arbeitete bis zu seinem 44. Lebensjahr als Arzt und steht seit über 30 Jahren auf der Bühne. Er veröffentlichte zehn Studioalben, schreibt Musiktheaterstücke, Bücher und Beiträge für Zeitungen und Magazine.